AF145321

Der schändliche Skandal Heine-Platen

Schauspiel von Gerd Scherm

Impressum

Umschlagbild: Wladimir Lenski 1899
Foto Heine-Grab: Jessica Kemper
(Lizenz Creative Commons Attribution 3.0)
Portrait Scherm: Jim Albright
Cover Design: Gerd Scherm & Friederike Gollwitzer
Herstellung und Verlag:
BoD – Books on Demand, Norderstedt
ISBN 978-3-7322-5025-7

Der schändliche Skandal Heine-Platen

Schauspiel von Gerd Scherm

Gerd Scherm
Binzwangen 12
91598 Colmberg

gerd@scherm.de
Tel. 09803 94160
www.scherm.de

Inhalt

Personen:

Heinrich Heine
* 13. Dezember 1797 als Harry Heine in Düsseldorf, Herzogtum Berg;
† 17. Februar 1856 in Paris

August Graf von Platen
eigentlich Karl August Georg Maximilian Graf von Platen-Hallermünde
* 24. Oktober 1796 in Ansbach, Fürstentum Brandenburg-Ansbach und Bayreuth;
† 5. Dezember 1835 in Syrakus, Königreich beider Sizilien

Ort der Handlung:

Im Limbus, im Irgendwo zwischen Raum und Zeit

Ausstattung:

Zwei Betten („Matratzengruft“ für Heine, Diwan mit Kissen für Platen), ein Bärenfell mit Kopf für Heine, eventuell zwei Stehpulte, ein großer Ankleidespiegel, zwei Duellpistolen, ein transportabler u. wieder beschreibbarer Grabstein für Platen – alternativ: Platen beschriftet immer neue Grabsteine, so dass sich im Lauf des Stücks mehr und mehr Epitaphe auf der Bühne ansammeln – quasi ein „Platen-Zitat-Friedhof“.

Hintergrund:

1827-1829 kam es zu einem Dichterstreit zwischen Heine und Platen, der bis heute als einer der skandalösesten der deutschen Literaturgeschichte gilt. Ausgehend von der Kritik Heines und Immermanns an Platens streng formalistischen Stil und dessen unreflektierter Aneignung persischer Ghaselen, eskalierte die gegenseitige Polemik: Platen beschimpfte Heine als „Synagogenstolz“, „den herrlichen Petrark des Laubhüttenfestes“ und „nach Knoblauch stinkend“; Heine thematisierte im Gegenzug Platens Homosexualität und zog sie ins Lächerliche. Wobei man festhalten muss, dass Platen als erster das Thema gleichgeschlechtlicher Liebe einbrachte, indem er Immermann und Heine ein Verhältnis unterstellte. Außerdem hatten Heine und Platen die Befürchtung, dass der Verleger Cotta den jeweils anderen für seine Bücher besser bezahlt.

Am Ende standen beide als Verlierer da: Heine galt als vulgärer Nestbeschmutzer und ging nach Frankreich, Platen wagte sich aus Italien kaum noch nach Deutschland.

Zum Stück:

Es ist eine "nach-todliche" Szenerie. Die Dialoge, gewürzt mit Zitaten aus den Werken der beiden (hauptsächlich Lyrik), holen etwas nach, was nie stattgefunden hat: Eine persönliche Begegnung der beiden Dichter.

Dazu ein paar Vertonungen (Schumann, Schubert, Brahms) in einer Szene.

Es kommt zwar fast zum posthumen Duell, doch ist das Stück nicht nur ein Hauen und Stechen, es gibt auch leisere Töne. Und auch, vor allem seitens Heine, Ironie. Der schlüpft manchmal in ein Fell und mimt zwischendurch seinen aufmüpfigen Tanzbären Atta Troll.

Es geht in diesem Stück um viel mehr als den augenfälligen Konflikt zwischen dem konvertierten Juden Heine und dem homosexuellen Grafen. Es ist das Aufeinanderprallen von Welt(an)sichten, von tiefen, persönlichen Überzeugungen, von unterschiedlichen Auffassungen, was Literatur kann und soll. Es ist eine Kontroverse von Lebensentwürfen, von Klassizismus und überwundener Romantik, von ironischem Rebellen und dünkelhaftem Adeligen und es wirft immer die Grundfrage aller Dichter auf: was bleibt von mir und meinem Werk?

Die Zitate aus den Werken von Heine, Platen und anderen Schriftstellern sind typographisch abgesetzt.

Zitat- und Quellennachweise am Ende des Manuskripts.

ANMERKUNG:
Platen verabscheute Dialekt!
Der Platen-Darsteller sollte auf keinen Fall fränkische Mundart sprechen.

VORSPIEL

Kann je nach Inszenierung entfallen!

(Die beiden Schauspieler betreten in Straßenkleidung die Bühne und ziehen sich hier um. Es soll für das Publikum erkennbar sein, dass hier zwei Schauspieler in ihre Rollen schlüpfen.)

SPIELER HEINE

Sag‘ mal, ganz ehrlich, würdest Du nicht viel lieber den Heine spielen?

SPIELER PLATEN

Weiß nicht.

SPIELER HEINE

Nun sag‘ schon! So unter uns.

SPIELER PLATEN

Ich weiß es wirklich nicht.

SPIELER HEINE

Du willst es nur nicht zugeben. Der Heine ist doch als Schriftsteller wesentlich bedeutender als der Platen. Der wird viel mehr gelesen. Wer liest heute noch Platen?

SPIELER PLATEN

Was willst Du mir damit sagen? Meinst Du, Du bist viel bedeutender als ich? Glaubst Du, Du bist der bessere Schauspieler? Nur weil Du schon mal an einem Staatstheater am Bühnenrand gestanden bist?

SPIELER HEINE

Unsinn! Das hat damit gar nichts zu tun.

SPIELER PLATEN

Nein, nein, das glaube ich Dir nicht.

SPIELER HEINE

Das ist absoluter Unsinn. Das hat mit unserer Inszenierung hier nichts zu tun.

SPIELER PLATEN

Doch, doch, das hat es! Du denkst, weil Du die Rolle des Heine bekommen hast, bist Du der bessere Schauspieler. Du sagst: Wer kennt schon den August Graf von Platen?

SPIELER HEINE

So habe ich das nicht gemeint. Aber Fakt ist, dass der Graf wesentlich weniger gelesen wird als Heine.
Mir ging es nur um die Attraktivität der Rollen an sich.

SPIELER PLATEN

Übrigens: der Hubert Fichte hat den Heine einmal als Aas bezeichnet! Nur damit Du mal weißt, was große Denker von Deinem Star-Dichter gehalten haben.
Aber nun sag endlich, was Du gegen meine Rolle hast?

SPIELER HEINE

Nichts habe ich gegen Deine Rolle. Der Platen ist schon interessant, so als Typ. Einer der ganz in der Poesie aufgeht – l'art pour l'art, Kunst nur um der Kunst willen. Warum nicht …

SPIELER PLATEN

Höre ich da nicht einen leisen geringschätzigen Unterton? Stören Dich etwa Platens homoerotische Neigungen?

SPIELER HEINE

Also bitte! Ich habe nichts gegen Schwule. Absolut nichts! Und gegen Adlige habe ich auch nichts, falls Du darauf hinaus willst. Dass Dein dichtender Graf schwul war, ist mir völlig egal.

SPIELER PLATEN

Dann hast Du also etwas gegen mich persönlich? Woher diese Animositäten?

SPIELER HEINE

Nun mach mal einen Punkt! Konzentrier Dich lieber auf Deine Arbeit!

SPIELER PLATEN

Wer hat denn mit den Sticheleien angefangen? Du willst mir bloß meine Rolle madig machen. Du kannst doch Deinen Part so schlecht spielen, wie Du willst – in Deiner Judenrolle genießt Du immer Artenschutz. Da wagt Dich eh keiner zu kritisieren!

SPIELER HEINE

Bitte beruhige Dich! Wir machen beide nur unseren Job, und den machen wir gut.

SPIELER PLATEN

Findest Du?

SPIELER HEINE

Ja doch. Es passt schon so, wie es ist.

SPIELER PLATEN

Schön, dass Du das so siehst.

SPIELER HEINE

Ich kann ja auch nichts dafür, dass ich in diesem Stück die bessere Rolle bekommen habe. Allerdings, wenn man
bedenkt, was und wo ich schon gespielt habe …

SPIELER PLATEN

Von wegen: Bessere Rolle!
Beim Platen gibt es viel mehr Gestaltungsmöglichkeiten. Der Heine ist doch inzwischen der große Held, zu dem alle aufschauen. Den kann jeder spielen! Der Platen ist mehr der legendäre Typ. Der früh Verstorbene. Live fast, die young!
Wen die Götter lieben, den holen sie jung zu sich.

SPIELER HEINE

Als Liebhaber? Platen ein Mundschenk der Götter?

SPIELER PLATEN

Du willst mich schon wieder provozieren.

SPIELER HEINE

Ich Dich provozieren? Nein, Du hast schon genug Adrenalin im Blut.
Lass uns anfangen, Platen, man wartet auf uns!

SPIELER PLATEN

Das bekommst Du zurück! Du …
Du Heine, Du!

1. SZENE: KINDHEIT, BILDER & WORTE

(Platen vor dem Spiegel, legt sich ein himmelblaues Tuch über den Kopf und nimmt ein Kissen in den Arm – so war seine Mutter immer mit ihm vor dem Spiegel gestanden oder gesessen: Madonna mit Kind. Immer wieder deutete sie auf den Knaben und sagte „süßes Kind" – August hatte sein Liebesobjekt schon sehr früh gefunden, sich selbst in seinem Spiegelbild)

PLATEN
(wiegt das Kissen)

Wie oft zeigte mir meine Mutter unser beider Bild im Spiegel. Sie deutete auf mich, sang mir die Worte „Süßer Junge, süßer Junge" ins Ohr, wieder und wieder. In dieser Kristall-Welt dort bin ich herangewachsen – in der silbernen Welt der Abbilder. So habe ich mich zuallererst in der anderen Realität erfahren, in dieser wunderbaren Distanz, in dieser herrlichen Ästhetik der unkörperlichen Spiegelung, in der unberührbaren Kunstwelt. Das war die Heimat, das war mein Zuhause.
Meine Mutter war eine Madonna und ich ihr über alles geliebte Kind. So in die Welt zu treten ist etwas Großes. Es ist so verheißungsvoll.

HEINE

Haben die Engel dazu gesungen?

PLATEN

Meine Mutter, die engelsgleiche Artemis war es, die sang. Nur für mich. Und so vereinten sich unsere Spiegelbilder mit dem Wohlklang ihrer Stimme.

HEINE

Sicher ist es nicht leicht, als Altarbild aufzuwachsen.

PLATEN

Schweigen Sie! Was weiß er schon von Altarbildern? Seinem Volk ist die Kunst der Malerei doch völlig fremd. Wer hörte je von einem großen jüdischen Maler?

HEINE

Wohl war. Die Sprache ist unser Metier, die Logik der Gedanken. Die Sprache, dieses Werkzeug des Verstandes.

PLATEN

Und von Lug und Trug, von Schmeichelei und Beleidigung.
Wahrlich, da nehme ich die Worte lieber für die Poesie, als damit schmählichen Handel zu treiben. Die Kunst ist es, die aus meinen Worten spricht, ans Hohe will ich hinschreiben, es mir Wort für Wort erringen.

HEINE

Ich war kein hochwohlgeborenes Kindlein, kein kleiner Graf von und zu. Ich war nur der Harry Heine, der den gleichen
Vornamen trug wie der Esel des Dreckmichels, der den Unrat von den Straßen in Düsseldorf kratzte und auf seinen Karren schmiss. „Harrüh*!", schrie er seinen Esel an und so schrien meine Schulkameraden hinter mir her. „Harrüh!"

Ich war der Junge, der den gleichen Namen trug wie der Esel vom Mistkarren. Harrüh Heine, der Eselsjude.

(* Harrüh betont auf üüüh!)

PLATEN

Jeder so, wie es das Schicksal für ihn bestimmt. Ich wurde in der Ansbacher Judengasse geboren – ausgerechnet ich an
einem Ort namens Judengasse! Ich musste in einem Haus aufwachsen, das zu allem Übel auch noch einem Juden gehörte.
Dennoch war darin ein hoher Geist beheimatet, der mir alles Edle gab. Meine Mutter stand stets treu zu mir und erkannte früh meine Talente. Sie führte mich zur Dichtkunst und stimmte meinen Sinn für Höheres.

HEINE

Bei mir war es das „Rote Sefchen", die meinen Sinn fürs Poetische erweckte. Sie war des Henkers Tochter, die Josefa, und ich liebte sie. Sie zeigte mir das Richtschwert ihres verstorbenen Vaters und sang dazu:

Otilje lieb, Otilje mein,
Du wirst wohl nicht die letzte sein -
Sprich, willst du hängen am hohen Baum?
Oder willst du schwimmen im blauen See?
Oder willst du küssen das blanke Schwert,
Was der liebe Gott beschert?

Ich will nicht hängen am hohen Baum
Ich will nicht schwimmen im blauen See,
Ich will küssen das blanke Schwert,
Was der liebe Gott beschert![1]

Nachdem sie das gesungen hatte, weinten wir eine Stunde lang zusammen, so sehr war ich von dieser Poesie ergriffen.
Kein Lehrer konnte mir je einen solchen Zugang zur Literatur verschaffen wie das „Rote Sefchen".

PLATEN

Das ist doch fürchterlicher Kitsch! Bauerntölpel-Romantik!

HEINE

Was will man von einem Sechzehnjährigen schon erwarten, der für eine rothaarige Henkerstochter entflammt ist? Mir verlangte eben nicht nach einem Ganymed oder einem Hyazinth oder gar, wie dem Narziss, nach dem Abbild meiner selbst.
Der „Harrüh" durfte als Judenjunge ja nur dank Napoleons Herrschaft über Düsseldorf das Lyzeum besuchen. Aber so etwas bedenken Sie mit Ihrer adeligen Herkunft ja gar nicht. Wie auch, wenn man immer auf roten Teppichen schreitet und nur mit seinesgleichen verkehrt.

PLATEN

Neid! Neid! Immer nur der Neid! Wir waren zwar von Adel, aber leider nicht mit Reichtum gesegnet. Ich hatte keinen Bankier zum Onkel!

HEINE

Neid! Neid! Neid! Was nützt der reiche Bankiersonkel, wenn er einem freiwillig nichts gibt und man um jeden einzelnen Taler kämpfen muss? Und wenn man dann endlich etwas bekommt, klebt stets Verachtung daran.
Jedes Mal wenn sie uns ein Stück Geld zuwerfen, werfen sie uns zugleich ein Loch in den Kopf ... Ja, die Kunst des schönen Gebens wird in unserer Zeit immer seltener, wie die Kunst des plumpen Nehmens, des rohen Zugreifens täglich allgemeiner gedeiht.[2]

PLATEN

So scheint es, dass die Dichtkunst alle Poeten gleich macht – gleich arm. Oder ist es die Voraussetzung dafür, den Pegasus zu reiten? Neigen sich die Musen nur dem wirklich zu, der nicht an Besitz gekettet ist? Spricht das große Wort nur aus denen, die arm sind an Irdischem?

HEINE

Der Weimarer Dichterfürst ließ sich seine Wohlhabenheit gut gefallen. Dem forderte keine Muse den Besitz ab, bevor er zur Feder griff. So ein sicheres Schreibstüblein hat schon einen gewissen Reiz. Es nimmt einem die Steine von der Brust und die Angst vor den Gläubigern. Da lässt es sich gleich viel leichter dichten und räsonieren und ein Gutmensch sein ...

PLATEN

In Hardenbergs Franken war kein gutes Auskommen mehr für einen gediegenen Oberforstmeister des abgedankten Markgrafen. Spötter nannten meinen Vater süffisant *„einen dienstfertigen Mann und erzguten Narren."* Vor allem aber war er nicht begütert.

HEINE

Das soll in den besten Familien vorkommen. Armut schändet nicht.

PLATEN

Wir waren nicht arm! Wir waren nur nicht mit genügend Mitteln ausgestattet, um standesgemäß zu leben. Um mir dennoch eine Karriere zu ermöglichen, schickte man mich nach München in die königliche Kadettenanstalt.

HEINE

Wohl dem, der Beziehungen hat.

PLATEN

Von wegen! Dort lernte ich von Freiheit zu träumen! Wie hasste ich den täglichen Drill, die stumpfen Vorschriften. Beim kleinsten Vergehen wurde man mit Arrest bestraft. Die Zelle war winzig, man konnte nicht ausgestreckt darin liegen und kein Tageslicht fiel hinein. Man schnürte uns die Hände in einen alten ledernen Muff, um zu verhindern, dass wir uns selbst befleckten.

HEINE

Dafür haben Sie es beim Militär aber ziemlich lange ausgehalten.

PLATEN

Wenn man sonst keine Einnahmequellen hat. Mir blieb keine andere Wahl als die Laufbahn eines Offiziers.

HEINE

Es war schon immer ein Privileg des Adels, das gemeine Volk zur Schlachtbank zu führen.

PLATEN

Damit hatte ich nichts zu tun. Ständig hat man versucht, mich zu diskriminieren. Als Leutnant beim 1. Bayrischen Linien-Infanterie-Regiment wurde ich zu acht Tagen Arrest verurteilt, nur weil ich bei der Regimentsschau mit gelben Sommerbeinkleidern angetreten war, statt mit blauen. Für ein kleines Versehen hat man mich hart bestraft. Die unzähligen moralischen Fehler meiner Offizierskollegen blieben dagegen ungeahndet.

HEINE

Das erscheint mir wahrlich hart, für ein paar farblich unpassende Hosen. Aber ich verstehe nichts von militärischen Dingen und ich kann daher nicht beurteilen, welch strategische Nachteile sich für eine Armee durch gelbe Sommerbeinkleider bei einer Schlacht im Winter ergeben können.
Wenn Ihnen das Soldatensein so zuwider war, warum haben Sie dann nicht den Dienst quittiert? War der Sold so hoch?

PLATEN

Spotten Sie nicht! Es lag eine Ambivalenz in der Sache. Einerseits die Schikanen, andererseits die Familientradition. Mein Vater war einst Offizier in hannoverschen Diensten. Und viele meiner Ahnen waren hochdekorierte Veteranen. Helden verehre ich sehr wohl, doch wie kann ein bayerischer Offizier ein solcher werden? Das monotone Exerzieren und Marschieren und die geisttötende Langeweile des Wachdienstes hätten selbst einen Achill zermürbt.

HEINE

Hat nicht Achill zehn Jahre vor Troja ausgeharrt? Allerdings hatte der zum Zeitvertreib einen Patroklos an seiner Seite.

PLATEN

So können Sie mich nicht treffen. Auch ich hatte Freunde. Brüder im Geiste und Menschen von hoher Gesinnung.
Und dann kam der 4. März 1818 - welch Tag in meinem Leben! An jenem glücklichen Morgen begann mein letzter Dienst als Soldat und ich durfte studieren. Mein einziger Kontakt zum Militär, außer der jährlichen Verlängerung meiner Freistellung, war eine Aufforderung, für den Grabstein eines jüngst verstorbenen Offiziers zu spenden.

HEINE

Das hört sich an wie ein Omen. Oft zeigt das Schicksal einen Sinn für Ironie.

2. SZENE: DIE KONTRAHENTEN

(Platen beschriftet einen Grabstein, er platziert ihn irgendwo auf der Bühne, dann deklamiert er:)

PLATEN

Ich war ein Dichter und empfand die Schläge
Der bösen Zeit, in welcher ich entsprossen;
Doch schon als Jüngling hab ich Ruhm genossen,
Und auf die Sprache drückt' ich mein Gepräge.

Die Kunst zu lernen, war ich nie zu träge,
Drum hab ich neue Bahnen aufgeschlossen,
In Reim und Rhythmus meinen Geist ergossen,
Die dauernd sind, wofern ich recht erwäge.

Gesänge formt' ich aus verschiednen Stoffen,
Lustspiele sind und Märchen mir gelungen
In einem Stil, den keiner übertroffen:

Der ich der Ode zweiten Preis errungen
Und im Sonett des Lebens Schmerz und Hoffen
Und diesen Vers für meine Gruft gesungen.[3]

(Platen legt sich auf sein Bett, faltet die Hände, schließt die Augen zum Sterben. Heine tritt hinzu, betrachtet Platen, dann liest er stumm die Grabinschrift)

HEINE

Mit Verlaub, Herr Graf, dies scheint mir sehr viel Arbeit für einen Steinmetz und wenig Nutzen für die Kunst.
Wollen Sie sich wirklich mit diesen vielen Worten an Ihrem Grab verewigen?

PLATEN

Was soll die Störung, Heine? Gönnt er meiner Seele nicht den Frieden?

HEINE

Ich gönne allen Seelen Frieden, selbst der Ihren. Mir scheint nur, die Erwähnung eines zweiten Preises für eine Ode auf einem Grabstein angesichts der Größe und der Einzigartigkeit der Ewigkeit ein wenig läppisch. Heißt es doch, der Zweite wäre der erste Verlierer. Vom arg geschwollenen Eigenlob der Inschrift ganz abgesehen – „In einem Stil, den keiner übertroffen". Da erblasst wohl selbst der Göttlich-Griechische aus Weimar auf seinem selbst gezimmerten Olymp.

(Wenn nur ein Grabstein benutzt wird: Platen springt aus dem Bett, ergreift einen Lappen und löscht wütend die Inschrift.)

PLATEN

Ist es nicht das Streben jeden Dichters, dass etwas bleibt von ihm, von seinem Werk und einem Ort, um seiner zu gedenken?

HEINE

Ich gestehe, der Ort kümmert mich recht wenig, an dem ich dereinst ruhen werde. Ruhig sollte es dort sein, wie es sich für einen Friedhof geziemt, und beschaulich, ein wenig Sonne des Tags, doch auch kühlender Schatten und singende Vögel hörte ich gern. Und meine liebe Mathilde sollte sich zu mir gesellen, auf dass wir zusammen ein wenig Kurzweil haben, in all der langen Ewigkeit.

PLATEN

Ich möchte nicht, dass es mir ergeht wie dem jungen englischen Poeten John Keats, den die Bitterkeit des Herzens ins frühe Grab trieb, zum Triumph seiner Feinde. Wie kann ein Dichter sich nur solch eine anonyme Grabinschrift wünschen: *Here lies one whose name was writ in water – Hier liegt einer, dessen Name in Wasser geschrieben war.*[4]
Einem Dichter sollte stets an der Unsterblichkeit seines Namens liegen.
Oh nein, Herr Heine, meinen Namen wird man nicht in Wasser schreiben. In Marmor gemeißelt wird er stehen und an mich
erinnern und die Menschen werden gesenkten Hauptes davor stehen und weinen werden sie, weinen, um einen begnadeten
Musensohn, der an den Schmerzen und der Ungerechtigkeit der Welt verstarb.

HEINE

Ich gestehe, es freut mich schon, dass man mich hundertfünfzig Jahre nach meinem Tod immer noch liest. Und schätzt.
Es schmeichelt uns Schriftstellern und streichelt unser Ego. Wichtiger aber noch: Das, was wir einst geschrieben haben, bedeutet den Menschen noch

etwas. Die Schriften eines Homer oder eines Wolfram von Eschenbach sind mehr als nur kuriose Relikte aus längst vergangenen Zeiten. Es stecken darin Inhalte, die auch nach Jahrhunderten die Menschen berühren.

PLATEN

Und so will ich die Menschen berühren – Äon für Äon!

HEINE

Doch nie sollten wir vergessen, dass wir nur einer sind, nur ein einziger Dichter, der in der großen Bibliothek der Menschheit steht.

PLATEN

In jeder Bibliothek gibt es besondere Plätze für herausragende Geister. Dorthin zieht es mich, dahin geht mein Streben.

(Platen beschreibt den nächsten Grabstein bzw. eine neue Grabinschrift)

Mir, der ich bloß ein wandernder Rhapsode,
Genügt ein Freund, ein Becher Wein im Schatten,
Und ein berühmter Name nach dem Tode.[5]

HEINE

Klingt schon besser. Wirklich gut. So könnten Sie es zuende bringen.

PLATEN

Noch bin ich nicht so bleich, dass ich der Schminke brauchte;
Es kenne mich die Welt, auf dass sie mir verzeihe![6]

HEINE

Glauben Sie, es wäre so erstrebenswert, dass die Welt Sie wirklich kenne? Die wenigstens Menschen interessieren sich für des Dichters innere Befindlichkeit. Das, was er schreibt, mag Bedeutung für andere haben, aber seine kleinen Wehwehchen oder großen Schmerzen berühren kaum jemanden. Die Menschen bewegen andere Themen.

PLATEN

Meinen Sie vielleicht so packende Themen wie Jungfrauen, die auf einem Felsen sitzen, ihr güldenes Haar kämmen und dabei lockende Lieder singen und Schiffe ins Verderben stürzen?

(er lacht und zitiert affektiert Heines Lieder von der Loreley)

Ich weiß nicht was soll es bedeuten
Dass ich so traurig bin;
Ein Märchen aus alten Zeiten,
Das kommt mir nicht aus dem Sinn.

Die Luft ist kühl und es dunkelt,
Und ruhig fließt der Rhein;
Der Gipfel des Berges funkelt
Im Abendsonnenschein.

Die schönste Jungfrau sitzet
Dort oben wunderbar,
Ihr goldenes Geschmeide blitzet,
Sie kämmt ihr goldenes Haar.

Sie kämmt es mit goldenem Kamme
Und singt ein Lied dabei;
Das hat eine wundersame,
Gewaltige Melodei.

Den Schiffer, im kleinen Schiffe,
Ergreift es mit wildem Weh;
Er schaut nicht die Felsenriffe,
Er schaut nur hinauf in die Höh´.

Ich glaube, die Wellen verschlingen
Am Ende Schiffer und Kahn;
Und das hat mit ihrem Singen
Die Loreley – von Heine - *getan.*[7]

HEINE

Wenn wir uns damals begegnet wären, ich hätte Sie zum Duell gefordert.

PLATEN

Und ich hätte angenommen. Eine wahrhaft saubere Lösung für unser Problem – Sie einfach aus der Welt zu schaffen, Sie Westentaschen-Revolutionär.

HEINE

(stürmt auf Platen zu, geht ihm an den Kragen)

Sie! Sie verdammter, arroganter Aristokrat! Ich könnte Sie auf der Stelle …

PLATEN

Können Sie sich nicht ein einziges Mal zivilisiert benehmen? Vor allem, wenn es um Ihr Ende geht?

HEINE

Nun gut. Mit Pistolen. Auf zwölf Schritte – ein jeder sechs.

(Die beiden nehmen aus dem Pistolenkasten je eine Waffe, überprüfen diese, stellen sich Rücken an Rücken und entfernen sich dann voneinander, drehen sich um und nehmen die Ausgangsposition für das Duell ein. Die beiden visieren sich gegenseitig an)

HEINE

Ich warne Sie, Platen! Ich habe einschlägige Duell-Erfahrungen. Seit meiner Studentenzeit in Bonn und Göttingen bin ich es gewohnt, meine Ehre mit der Waffe zu verteidigen.

PLATEN

Ehre? Verteidigen? Dürfen sich Juden überhaupt duellieren? Sind Sie als getaufter Jude eigentlich satisfaktionsfähig? Vielleicht verklagt man mich gar, wenn ich Sie töte …

HEINE

Ich könnte Sie einfach über den Haufen schießen, Platen, und über Ihre Fragen später nachdenken.

PLATEN

Sie vergessen wohl, dass ich beim Militär war.

HEINE

Alles, was ich über Ihre militärische Karriere weiß, Herr Graf, bestärkt mich in meiner Annahme, dass es Ihnen kaum gelingen wird, mich zu treffen.

PLATEN

Einen Juden totschießen ist eher nicht ruhmreich.

HEINE

Und noch schändlicher ist es, von einem Juden totgeschossen zu werden. Man denke nur, wenn auf Ihrem Grabstein

stünde „August von Platen - ein deutscher Graf erschossen von einem Juden".
Das verdirbt den ganzen Dichterruhm.

PLATEN

So geht das nicht! Ein Duell ist eine Sache auf Leben und Tod, damit scherzt man nicht!
Und mit einem Juden schießt sich ein Mann von Adel nicht.

HEINE

Vielleicht hilft es Ihro Gnaden, wenn ich mir ein Bärenfell überwerfe?

(Legt die Pistole zur Seite und zieht sich das Bärenfell über)

Ist es nicht standesgemäßer für den Herrn Grafen, einen Bären zu erschießen? Man sieht ja nicht gleich, was sich unter dem zottligen Fell verbirgt. Das ist wie mit der Literatur, das Meiste trägt man sowieso inwendig. Was nach außen dringt, sind doch nur die Buchstaben. Aber in uns drinnen, da beginnt es, da entsteht es. Quasi als Futter für die Außenhaut, die man der Welt zeigt. Da zeigen wir der Welt unsere Worte stolz wie ein Stammeskrieger seine Tätowierungen. Auf unserer nackten Haut tragen wir unsere wahre Poesie. Dort kann sie prickeln und uns erregen wie ein Liebesspiel. Oder jucken und sich ausbreiten wie die Krätze. Kommt eben immer auf den Autor an und sein Talent.

PLATEN

Aus der Schale des Talentes habe ich reich getrunken.

(lässt die Waffe sinken, legt sie zur Seite und deklamiert:)

Wie die Lilie sei dein Busen offen, ohne Groll;
Aber wie die keusche Rose sei er tief und voll!
Lass den Schmerz in deiner Seele wogen auf und ab,
Da so oft dem Quell des Leidens dein Gesang entquoll!
Wäre Daphne nicht entronnen ihres Buhlen Arm,
Welchen Kranz um seine Lyra schlänge dann Apoll?
Fürchte nicht zu sterben, Guter! denn das Leben trügt:
Gib der Erde gern den letzten schauderhaften Zoll!
Lass das Blatt vom Baume stürzen in den Teich,
Weil es noch im Todestaumel sich berauschen soll.[8]

3. SZENE: KOMÖDIE – TRAGÖDIE (ATTA TROLL)

(Heine im Bärenfell, Platen beschriftet einen Grabstein)

HEINE

Im Spätherbst 1841 rottete sich in Deutschland eine große Meute gegen mich zusammen.
Ich hätte nie geglaubt, dass Deutschland so viele faule Äpfel hervorbringt, wie mir damals an den Kopf flogen! Unser Vaterland ist ein gesegnetes Land; es wachsen hier freilich keine Zitronen und keine Goldorangen, auch krüppelt sich der Lorbeer nur mühsam fort auf deutschem Boden, aber faule Äpfel gedeihen bei uns in erfreulichster Fülle, und alle unsere großen Dichter wussten davon ein Lied zu singen.[9]
Auch machten sich alle deutschen Regierungen um mich verdient und erneuerten jedes Jahr die Haftbefehle für mich, die von der deutsch-französischen Grenze an auf jeder Station die Heimkehr des Dichters mit Sehnsucht erwarteten.
Wegen solcher Unsicherheit der Wege wurde mir das Reisen in den deutschen Gauen schier verleidet, ich feierte deshalb meine Weihnachten in der Fremde, und beschloss auch in der Fremde, im Exil, meine Tage.
Die wackeren Kämpen für Licht und Wahrheit, die mich der Wankelmütigkeit und des Knechtsinns beschuldigten, gingen
unterdessen im Vaterland sehr sicher umher, als wohlbestallte Staatsdiener, oder als Würdenträger einer Gilde, oder als Stammgäste eines Klubs, wo sie sich des Abends patriotisch erquickten am Rebensafte des Vater

Rhein und an meerumschlungenen schleswig-holsteinischen Austern.
Damals blühte die sogenannte politische Dichtkunst. Die Musen bekamen die strenge Weisung, sich hinfüro nicht mehr müßig und leichtfertig umherzutreiben, sondern in vaterländischen Dienst zu treten, etwa als Marketenderinnen der Freiheit oder als Wäscherinnen der christlich-germanischen Nationalität. Es erhub sich im deutschen Bardenhain ganz besonders jener vage, unfruchtbare Pathos, jener nutzlose Enthusiasmusdunst, der sich mit Todesverachtung in einen Ozean von Allgemeinheiten stürzte. Das Talent war damals eine sehr missliche Begabung, denn es brachte einen in den Verdacht der Charakterlosigkeit. Die scheelsüchtige Impotenz hatte endlich nach tausendjährigem Nachgrübeln ihre große Waffe gefunden gegen die Übermütigen des Genius; sie fand nämlich die Antithese von Talent und Charakter.
Es war fast persönlich schmeichelhaft für die große Menge, wenn sie behaupten hörte: die braven Leute seien freilich in der Regel sehr schlechte Musikanten, dafür jedoch seien die guten Musikanten gewöhnlich keine braven Leute, die Bravheit aber sei in der Welt die Hauptsache, nicht die Musik. Der leere Kopf pochte jetzt mit Fug auf sein volles Herz, und die Gesinnung war Trumpf. Ich erinnere mich eines damaligen Schriftstellers, der es sich als ein besonderes Verdienst anrechnete, dass er nicht schreiben könne; für seinen hölzernen Stil bekam er einen silbernen Ehrenbecher.
Bei den ewigen Göttern! damals galt es die unveräußerlichen Rechte des Geistes zu vertreten, zumal in der Po-

esie.

Deshalb schrieb ich das Poem „Atta Troll. Ein Sommernachtstraum."

Und in der Tat, schon die ersten Fragmente, die vom Atta Troll gedruckt wurden, erregten manchem die Galle, die mich nicht bloß der literarischen, sondern auch der gesellschaftlichen Reaktion, ja sogar der Verhöhnung heiligster Menschheits-Ideen beschuldigten. Ich schrieb das Poem zu meiner eignen Lust und Freude, in der grillenhaften Traumweise jener romantischen Schule, wo ich meine angenehmsten Jugendjahre verlebt, und zuletzt den Schulmeister geprügelt habe. In dieser Beziehung ist mein Gedicht vielleicht verwerflich.[10]

PLATEN

Ich vermute, dies Gedicht wird mir nicht gefallen.

HEINE

Das muss es auch nicht, Herr Graf. Obwohl Sie an seiner Entstehung, wenn auch postum, nicht ganz unschuldig sind.

Denn durch die unsägliche Affäre um unseren Streit ausgelöst, interessierte sich das deutsche Publikum nun weniger für meine Lyrik, als viel mehr für meine Gesinnung und Moral. So sagte man dann, der Heine habe zwar Talent, doch keinen Charakter. Damit begann der Siegeszug der zwar talentlosen, aber charakterfesten deutschen Dichter!

Deshalb schuf ich einen stolzen Bären namens Atta Troll aus den Pyrenäen, der entflieht und in die Freiheit zurückkehrt.

Kein deutscher Bär konnte mein Held sein, denn

die deutschen Bären werden zwar stets wie Bären tanzen, aber nie die Kette brechen. Der Atta Troll verkörpert viele Persönlichkeiten und spiegelt – ich gesteh es frei – mehrere Persönlichkeiten jener Tage. Mit manchen war ich Freund, andere waren mir Feind. Der Bär schlüpft in viele Rollen, ist zugleich revolutionär und burschenschaftlich-teutonisch, gotteslästerlich und pietistisch. Ich geb' es zu, ich habe den Atta Troll aus vielen Menschen zusammengesetzt, und in manchen Passagen ist er sogar ein Stück von mir.

(Heine beginnt einen Bärentanz – plötzlich stoppt er)

HEINE

Manchmal fühlte ich mich wirklich wie ein Tanzbär an der Kette. Und immer wieder fand sich einer, der da brüllte:
Seht nur, der Bär ist beschnitten! Der gehört nicht zu uns, der darf nicht für uns tanzen! Zu dem gesellte sich stets ein Zweiter, der die Kugel goss, den Atta Troll - oder den Heinrich Heine? - zu erschießen. Mancher ritzte gar ein garstig Verslein oder ein Ghaselchen ins Geschoss, damit der Angriff von hohem Geiste kam.
Verstecken Sie Ihre Flinte immer noch in schwarz-rot-goldenen Tüchern, Herr Graf? Doch Vorsicht! Ihr patriotisches Mäntelchen ist zu kurz, um Ihre infame Blöße zu bedecken!

PLATEN

Sie haben mich doch aus Deutschland vertrieben,

Sie Strolch! Mein Privatestes haben Sie an die Öffentlichkeit ausgeliefert.

HEINE

Es ist wahrhaft schändlich, ein Geheimnis auszuplaudern, das bereits jeder kennt. Die Spatzen pfiffen es längst von den Dächern aller deutschen Staaten, wie es mit der Veranlagung des Grafen bestellt ist, doch der klagt um Diskretion! Dabei war es gerade in jener Zeit um ihn und Seinesgleichen im Königreich Bayern gut bestellt. Hatte man doch auf Betreiben des Herrn Anselm von Feuerbach schon 1813 das Homosexuellen-Verdikt fallengelassen. Feuerbach sagte: "Solange der Mensch durch unzüchtige Handlungen nur die Gebote der Moral überschreitet, ohne eines anderen Recht zu verletzen, ist im gegenwärtigen Gesetz über dieselben nicht bestimmt worden." Kein Gesetz hat Sie bedroht, Herr Graf, dank des in Ansbach ansässigen Richters Feuerbach. Vielleicht hätte er sich mit seinem großen Herzen auch um Sie kümmern sollen und nicht nur um den Findling Kaspar Hauser.

Auf keinen Fall habe ich Ihnen Ihre Existenz in Bayern unmöglich gemacht. Sie hatten Freunde, Sie hatten Beziehungen und Sie hatten das Gesetz auf Ihrer Seite. Dennoch schrieben Sie ein beleidigendes Epigramm „An den Dichterling Heine“ und brachten es in Umlauf:

Täglich bedanke du dich im Gebet, o hebräischer Witzling,
Dass bei Deutschen und nicht unter Griechen du lebst:

Solltest du nackt dich zeigen im männlichen Spiel der Palästra,
Sprich, wie verstecktest du dann jenen verstümmelten Teil?[11]

PLATEN

Wollten Sie mir nicht etwas von Ihrem Tanzbären erzählen, Heine?

HEINE

Sie verstanden es schon immer, das Thema zu wechseln und von Ihren Entgleisungen abzulenken. Gut, Herr Graf, so lauschen Sie dem Bären:

Kinder! – grummelt Atta Troll,
Und er wälzt sich hin und her
Auf dem teppichlosen Lager –
Kinder, uns gehört die Zukunft!

Dächte jeder Bär, und dächten
Alle Tiere so wie ich,
Mit vereinten Kräften würden
Wir bekämpfen die Tyrannen.

Es verbände sich der Eber
Mit dem Ross, der Elefant
Schlänge brüderlich den Rüssel
Um das Horn des wackern Ochsen;

Bär und Wolf von jeder Farbe,
Bock und Affe, selbst der Hase,
Wirkten ein'ge Zeit gemeinsam,
Und der Sieg könnt' uns nicht fehlen.

Einheit, Einheit ist das erste
Zeitbedürfnis. Einzeln wurden
Wir geknechtet, doch verbunden
Übertölpeln wir die Zwingherrn.

Einheit! Einheit! und wir siegen,
Und es stürzt das Regiment
Schnöden Monopols! Wir stiften
Ein gerechtes Animalreich.

Grundgesetz sei volle Gleichheit
Aller Gotteskreaturen,
Ohne Unterschied des Glaubens
Und des Fells und des Geruches.

Strenge Gleichheit! Jeder Esel
Sei befugt zum höchsten Staatsamt,
Und der Löwe soll dagegen
Mit dem Sack zur Mühle traben.

Was den Hund betrifft, so ist er
Freilich ein serviler Köter,
Weil Jahrtausende hindurch
Ihn der Mensch wie'n Hund behandelt;

Doch in unserm Freistaat geben
Wir ihm wieder seine alten
Unveräußerlichen Rechte,
Und er wird sich bald veredeln.

Ja, sogar die Juden sollen
Volles Bürgerrecht genießen,
Und gesetzlich gleichgestellt sein
Allen andern Säugetieren.[12]

PLATEN

Meine Rede! Sie sind ein Radikaler, ein Revolutionär, ein Sozialist, ein Utopist, ein Umstürzler! Wer will denn das Unterste zu oberst kehren? Doch nicht ich!

HEINE

Er versteht es nicht! Hat er es denn nicht gehört?
Jeder Esel sei befugt zum höchsten Staatsamt.
Das meint auch Sie, Herr Graf! Das nennt man Ironie.

4. SZENE: DER URSPRUNG DES STREITES

(Heine in seiner Matratzengruft, Platen auf dem Diwan)

HEINE

Lassen Sie uns doch rekapitulieren, wie unser Zwist begann, Herr Graf. Kollege Immermann übte in meinen „Reisebildern" als Gastbeitrag Kritik an Schriftstellern, die sich von orientalischen Kulturen, gelinde gesagt, anregen lassen. So schrieb er: *„Von den Früchten, die sie aus dem Gartenhain von Schiras stehlen, / Essen sie zu viel, die Armen, und vomieren dann Ghaselen."*[13]

PLATEN

Eine Beleidigung!

HEINE

Ich fand es gelungen – „vomieren dann Ghaselen" statt „formulieren Ghaselen". Erbrechen statt dichten, das war fein formuliert von Immermann. Aber das sollten Goethe, Rückert und Ihro Gnaden doch vertragen können – bei Ihrer Größe! Aber der Herr Graf geriet in Rage und wütete in seinem Theaterstück „Der romantische Ödipus" gegen Immermann und mich. Statt mit dem feinen literarischen Florett der Ironie zu fechten, begann er ein Gemetzel mit der Axt.

PLATEN

Und kraft der Vollmacht, welche mir die Kunst verlieh,
Und kraft des Scherzes, welchen ich bemeistere,
Der unter meinen Händen fast erhaben klingt,
Als wär's der Andacht hoher Ernst, und kraft der Kraft

Zerstör' ich dich, und gebe dich dem Nichts anheim!
Zwar wäre, dich vernichten, eine kleine Tat;
Allein gesalbt zum Stellvertreter hab' ich dich
Der ganzen tollen Dichterlingsgenossenschaft,
Die auf dem Hackbrett Fieberträume phantasiert,
Und unsere deutsche Heldensprache ganz entweiht;
Ja, gleichwie Nero wünscht' ich euch nur ein Gehirn,
Durch einen einzigen Witzeshieb zu spalten es,
Um aller Welt zu zeigen eine taube Nuss,
Mit ungenießbar'm Floskelmoder angefüllt.
Verstumme, schneide lieber dir die Zunge weg.
Die längst zum Ärgernisse dient Vernünftigen!
An deiner Rechten haue dir den Daumen ab,
Mitsamt dem Fingerpaare, das die Feder führt:
An Geist ein Krüppel, werde bald es körperlich!
Wohin du fliehn willst, nimmermehr entrinnst du doch,
Und gleich Armeen umzingeln dich Verwünschungen!
Sachwalter gibt es keine für den Versifex,
Und aus dem Schoße schütteln dich die Wenigen,
Die noch geneigt dir waren, wie gemeinen Staub!
In meinen Waffen spiegle dich, erkenne dich,
Erschrick vor deiner Hässlichkeit und stirb sodann!
Ich bin im Jambenschleudern ein Archilochus,
Ein Zeus in meinem Sylbenfall, ein Donnerer:
Indem sie treffen, blenden meine Keile dich,
Von mir getötet, gaffst du noch Bewunderung![14]

HEINE

Ganzschön militant, Herr Unterleutnant.
Welch ein Amoklauf!

(zählt an den Fingern ab)

Schädelspalten

Aufruf zur Selbstverstümmelung
Finger abhacken
Blendung der Augen
Töten
Die paar Verwünschungen fallen dabei gar nicht mehr ins Gewicht.

PLATEN

Ich war in Zorn geraten. Dieser Immermann – *war der nicht auch ein getaufter Jude, wie alle unsere Genies?*[15] Seine infamen Zeilen erreichten mich in Italien in misslicher Stimmung.

HEINE

Ja, ja, stimmungsanfällig war der Herr Graf wohl schon immer. Beim einen wird es therapiert, der andere kuriert sich selbst und attackiert. Deshalb steckten sie meinen Freund Immermann in Ihrem unsäglichen Stücklein ins Irrenhaus, mit dem Versprechen, dass er dort Wahnsinnige wie ihn selbst als geduldiges Publikum vorfände. Und dann ließen Sie Immermann seine eigenen Theaterstücke verunglimpfen:
„Weh, wehe meinen siebenfach geseiherten, Phantastisch platten Quintessenztragödien!"[16]

PLATEN

Mir war danach, ich musste mich wehren!

HEINE

Wegen eines Zweizeilers über Ghaselen-Diebe, der nicht einmal Ihren Namen nannte?

PLATEN

Es war eindeutig – wer damals Ghaselen sagte, meinte Platen.

HEINE

Oder Rückert.

PLATEN

Der meinte Platen!

HEINE

Und warum gingen Sie auf mich los, auf mich, der gar nichts über, geschweige denn gegen Sie geschrieben hatte?

PLATEN

Sie waren der Berühmtere. Ich gebe mich nicht mit der zweiten Reihe ab.

HEINE

Welch ein Kompliment!
Im Gegensatz zu Ihro Gnaden Tiraden und schlüpfrigen Beleidigungen. Leicht und billig war es in dieser Zeit, einen Mann jüdischer Abstammung zu schmähen. Da musste man keine Rüge fürchten, wenn man den Heine *„Petrark des Laubhüttenfestes“* und *„Synagogenstolz“* nannte. Wenn man behauptete, meine Küsse *„würden nach Knoblauch schmecken“* und ich sei *„des sterblichen Geschlechts der Menschen Allerunverschämtester.“*

PLATEN

Nun, ich war erzürnt. Und Sie haben dann ja schrecklich zurückgebissen, Heine. Im Wortsinn unter der Gürtellinie!

HEINE

Wer hat denn zuerst die Schmuddelecke betreten, Herr Graf? Lassen Sie nicht in Ihrem Stück „Der romantische Ödipus“ Ihren Immermann-Nimmermann sagen:

Mein Heine! Sind wir beide nicht ein Paar Genies?
Wer wagt zu stören, Süßer, uns den süßen Traum?[17]
Wer brachte denn die homoerotische Komponente zuerst ins Spiel? Sie doch, Platen, niemand anderes als Sie selbst!

PLATEN

Ihre „Bäder von Lucca“ waren ein Spitzbuben-Streich. Nur darauf ausgerichtet, mich zu vernichten.

HEINE

Mitnichten. Notwehr, reine Notwehr.

PLATEN

Und dies in einer Zeit, in der ich in Italien mit dem Tode rang.

HEINE

Ja, ja, man berichtete mir, der Graf von Platen liege in Rom siech darnieder, - er leide an Heine und entzündeten Hämorrhoiden.

PLATEN

Das war gar nicht lustig, Herr Heine. Ein Kurpfuscher setzte mir Blutegel an, die er wohl aus einem verseuchten Tümpel gefischt hatte. Es bildete sich ein widerlicher Abszess an der Lymphdrüse, der ohne Betäubung aufgeschnitten wurde. Mir war wirklich hundeelend. So litt ich Schmerzen des Leibes, und dank Ihnen, der Seele – und schreiben konnte ich nur noch im Stehen!

HEINE

Die Öffentlichkeit stand doch sowieso auf Ihrer Seite und ich wurde gegeißelt. Sie hat man nicht getadelt, wegen

Ihrer antisemitischen Beleidigungen. Mir wurde der Skandal angelastet, weil ich das angeblich Unaussprechliche angesprochen hatte. Dabei waren Sie es Herr Graf, der diesen sexuellen Ball ins Spiel brachte. Aber am sittenlosen Juden Heine konnte man es gut festmachen. Da waren sich die Aristokratie und das Bürgertum schnell einig. Der konvertierte Jude soll gefälligst die andere Wange auch hinhalten, wenn er ein wahrer Christ sein will!

PLATEN

Sie haben mich in Deutschland unmöglich gemacht.

HEINE

Dafür haben Sie schon selbst gesorgt.

5. SZENE: DIE DICHTER UND DIE MUSIK

(Platen beschriftet einen Grabstein, Heine schaut ihm aufmerksam zu)

HEINE

Und welcher Spruch ist es diesmal, Herr Graf?

PLATEN

Und jener Mensch, der ich gewesen, und den ich längst
Mit einem andern Ich vertauschte, wo ist er nun?[18]

HEINE

Klingt sehr geheimnisvoll.

PLATEN

Es sind die Schlusszeilen eines Ghasels, das Johannes Brahms in Töne gesetzt hat.

(gesungen oder eingespielt)

Der Strom, der neben mir verrauschte, wo ist er nun?
Der Vogel, dessen Lied ich lauschte, wo ist er nun?
Wo ist die Rose, die die Freundin am Herzen trug,
Und jener Kuss, der mich berauschte, wo ist er nun?
Und jener Mensch, der ich gewesen, und den ich längst
Mit einem andern Ich vertauschte, wo ist er nun?[19]

HEINE

Ach ja, der gute Brahms. Mich hat er auch mit Vertonungen geehrt. Aber das Ergebnis ist manchmal befremdlich, wenn ein Musikus sich über die Lyrik hermacht. Manches Gedicht bekommt auf einmal einen ganz anderen Charakter, als man selbst gewollt hat. So wie bei Robert Schumanns Vertonung von diesem Gedicht von mir:

Anfangs wollt ich fast verzagen,
Und ich glaubt, ich trüg es nie;
Und ich hab es doch getragen -
Aber fragt mich nur nicht, wie?[20]

PLATEN

Ja, da hat der gute Schumann aus dem kleinen Gedichtlein einen rabenschwarzen Passions-Choral für den Judenchristen gemacht.

(gesungen oder eingespielt)

Anfangs wollt ich fast verzagen,
Und ich glaubt, ich trüg es nie;
Und ich hab es doch getragen -
Aber fragt mich nur nicht, wie?[21]

PLATEN

Mich hat Franz Schubert überaus einfühlsam vertont. Seine Interpretationen meiner Gedichte zählen zu seinen intensivsten und radikalsten Liedern. Bei „Du liebst mich nicht" beginnt er ruhig und steigert sich mehr und mehr in die absolute Verzweiflung. Er nimmt den Hörer mit auf einen selbstquälerischen Parforceritt durch alle Dur- und fast alle Moll-Tonarten.

(gesungen oder eingespielt)

Mein Herz ist zerrissen, du liebst mich nicht!
Du ließest mich's wissen, du liebst mich nicht!
Wiewohl ich dir flehend und werbend erschien,
Und liebebeflissen, du liebst mich nicht!
Du hast es gesprochen, mit Worten gesagt,
Mit allzu gewissen, du liebst mich nicht!
So soll ich die Sterne, so soll ich den Mond,
Die Sonne vermissen? Du liebst mich nicht!
Was blüht mir die Rose? Was blüht der Jasmin?
Was blühn die Narzissen? Du liebst mich nicht![22]

HEINE

Durchaus bemerkenswert, was Franz Schubert da komponiert hat. Von mir vertonte er übrigens ganze Gedicht-Zyklen.
Eine wahrhafte Krone der Romantik, wenn die Töne zum Meer werden und die Stimme sich in ein liebliches Mädchenbild
wandelt …

(gesungen oder eingespielt)

Du schönes Fischermädchen,
Treibe den Kahn ans Land;
Komm zu mir und setz dich nieder,
Wir kosen Hand in Hand.

Leg an mein Herz dein Köpfchen,
Und fürchte dich nicht zu sehr,
Vertraust du dich doch sorglos
Täglich dem wilden Meer.

Mein Herz gleicht ganz dem Meere,
Hat Sturm und Ebb und Flut,
Und manche schöne Perle
In seiner Tiefe ruht.[23]

HEINE

Ach so könnt' ich schwelgen in des Jenseits' finstrer Nacht.

6. SZENE: VATERLAND UND EXIL

(Platen beschriftet wieder einen Grabstein, Heine liegt in seiner Matratzengruft)

PLATEN

Ich möchte, wenn ich sterbe, wie die lichten
Gestirne schnell und unbewusst erbleichen,
Erliegen möcht' ich einst des Todes Streichen,
Wie Sagen uns vom Pindaros berichten.

Ich will ja nicht im Leben oder Dichten
Den großen Unerreichlichen erreichen,
Ich möcht', o Freund, ihm nur im Tode gleichen ...[24]

HEINE

Selten hörte ich einen Menschen sich so viel mehr um seinen Tod und Nachruhm sorgen, als um das Morgen. Wenn der Hunger im Leib wütet, ist es den meisten völlig egal, was auf ihrem Grabstein stehen wird.

PLATEN

Es sehnt sich ewig dieser Geist ins Weite,
Und möchte fürder, immer fürder streben:
Nie könnt' ich lang an einer Scholle kleben,
Und hätt' ein Eden ich an jeder Seite.

Mein Geist, bewegt von innerlichem Streite,
Empfand so sehr in diesem kurzen Leben,
Wie leicht es ist, die Heimat aufzugeben,
Allein wie schwer, zu finden eine zweite.

Doch wer aus voller Seele hasst das Schlechte,
Auch aus der Heimat wird es ihn verjagen,
Wenn dort verehrt es wird vom Volk der Knechte.

Weit klüger ist's, dem Vaterland entsagen,
Als unter einem kindischen Geschlechte
Das Joch des blinden Pöbelhasses tragen.[25]

HEINE

Ja, ja, das Vaterland macht es einem schwer, nicht mit ihm zu hadern. In meinen „Nachtgedanken" hab ich versucht, den Verlust des Vaterlandes zu erfassen, die schmerzliche Trennung von den Menschen, die ich liebte. Doch ausgelegt hat man mir's stets als politische Schelte für Deutschland:

Denk ich an Deutschland in der Nacht,
Dann bin ich um den Schlaf gebracht,
Ich kann nicht mehr die Augen schließen,
Und meine heißen Tränen fließen.

Die Jahre kommen und vergehn!
Seit ich die Mutter nicht gesehn,
Zwölf Jahre sind schon hingegangen;
Es wächst mein Sehnen und Verlangen.

Mein Sehnen und Verlangen wächst.
Die alte Frau hat mich behext,
Ich denke immer an die alte,
Die alte Frau, die Gott erhalte!

Die alte Frau hat mich so lieb,
Und in den Briefen, die sie schrieb,
Seh ich, wie ihre Hand gezittert,
Wie tief das Mutterherz erschüttert.

Die Mutter liegt mir stets im Sinn.
Zwölf lange Jahre flossen hin,
Zwölf lange Jahre sind verflossen,
Seit ich sie nicht ans Herz geschlossen.

Deutschland hat ewigen Bestand,
Es ist ein kerngesundes Land.
Mit seinen Eichen, seinen Linden,
Werd ich es immer wiederfinden.

Nach Deutschland lechzt ich nicht so sehr,
Wenn nicht die Mutter dorten wär;
Das Vaterland wird nie verderben,
Jedoch die alte Frau kann sterben.

Seit ich das Land verlassen hab,
So viele sanken dort ins Grab,
Die ich geliebt - wenn ich sie zähle,
So will verbluten meine Seele.

Und zählen muss ich - Mit der Zahl
Schwillt immer höher meine Qual.
Mir ist, als wälzten sich die Leichen
Auf meine Brust - Gottlob! sie weichen!

Gottlob! durch meine Fenster bricht
Französisch heitres Tageslicht;
Es kommt mein Weib, schön wie der Morgen,
Und lächelt fort die deutschen Sorgen.[26]

PLATEN

Auch ich habe politisch gedichtet. Wie grimmig habe ich in meinen Polenliedern die Stimme erhoben!

HEINE

Tendenzgedichte allerorten. Poesie nach der aktuellen Mode. Fremdfühlen als moralische Attitude. Wie praktisch ist es doch, den Freiheitskampf nach Osten auszulagern. Mord und Totschlag, Raub und Brandschatzung als distanziertes Schauspiel zu erleben.

Der Knecht singt gern ein Freiheitslied
Des Abends in der Schenke:
Das fördert die Verdauungskraft
Und würzet die Getränke.[27]

Das Thema „Polen" hat wohl kaum ein Dichter deutscher Zunge ausgelassen.
Die Russen unterdrückten den Freiheitskampf der Polen mit Preußens Hilfe und die deutschen Poeten durften sich ungefährdet erregen.

PLATEN

Es war mir eine Herzensangelegenheit.

HEINE

Die Polenlieder, ja, auf dieser Welle schwammen alle. Sollen die Polen die Köpfe hinhalten, damit die Deutschen dafür stolz ihr Haupt erheben können. Doch was bringt einen Menschen dazu, eine Zarin als geile Metze, als tyrannische Hure anzugreifen, eine Frau, die nicht einmal mehr Fraß der Würmer war? Oder ist Ihro Hochwohlgeboren entgangen, dass Katharina die Große schon seit mehr als dreißig Jahren unter der Erde lag, als man den polnischen Aufstand niederschlug? Auch ihr Nachfolger und dessen Nachfolger hatten das Zeitliche bereits längst gesegnet. Vielleicht hätten Sie für die polnische Unterdrückung auch noch Dschingis Khan und seine Mongolen herbeizitieren sollen, die waren ja im Mittelalter auch einmal in Polen. Ihre berittenen Horden ließen sich in wunderbar theatralische Metaphern formen. Welche poetische Findung, welch blutrünstige Effekte für eine Ballade!

PLATEN

Schweifen Sie nicht ab, Heine!

HEINE

Sie waren es doch, der die Polenlieder für etwas ganz anderes nahm. Bei Ihnen waren doch mit den Russen niemand anderes als die Preußen gemeint, bei denen Ihre Literatur keinen Erfolg hatte. Und wen Sie anstelle der Zarin in Wirklichkeit gemeint hatten, will ich lieber gar nicht hinterfragen. Manche Abgründe sollte man besser nicht erforschen. Die Freiheit interessierte Sie doch gar nicht, Sie berauschten sich doch nur am Freiheitspathos.

PLATEN

Hören Sie auf zu räsonieren! Sie wollen doch nur Ihr eigenes Schweigen in dieser Angelegenheit kaschieren. Keinen einzigen Vers hatten Sie für die polnischen Kämpfer übrig. Sie haben teilnahmslos geschwiegen und die Sache der polnischen Freiheit verraten.

HEINE

Ja, ja, die Wirkung der Poesie! Man schreibt einen Vers und schon ist der Tyrann abgesetzt. Sicher hätte ein Gedicht von mir, verfasst in Paris und in Deutschland gedruckt, Zar Nikolaus subito aus Polen verjagt, Herr Graf.
Mir ging es einfach gegen den Strich, dass sich Leute wie Börne aus sicherer Entfernung im Blut der Aufständischen badeten und sich wohlig im Leid der Revolutionäre suhlten und sich als heldenhafte Revolutionäre gebärdeten. Dieses Verhalten war extrem gefährlich! Ich dachte schon, es kommt in Berlin und München zur Revolution – nicht aus Wut auf die deutschen Zustände, sondern aus Mitleid mit den Polen. Börne und andere hätten am liebsten die Stimmung genutzt, um die Gutmeinenden und Wohlgesinnten vor die Flinten der Herrschenden zu treiben.

PLATEN

Es war also Ihre Taktik, Heine. Nun denn, sie hat funktioniert, die Deutschen blieben in ihren Stuben.

HEINE

Im Gegensatz zu uns beiden. Wir haben dem Land den Rücken gekehrt und zwar, von kleinen Stippvisiten abgesehen, für immer. Ich bin Ihnen im Nachhinein dankbar, dass Sie meine Münchner Professur durch Ihr unsägliches Gezänk verhindert haben. Wenn ich mir vorstelle – ich als Jurist auf einem bayerischen Professorenstuhl! Wie viel Literatur nicht entstanden? Mit dieser festen Stellung hätte ich nie den Schritt zum freien Schriftsteller getan. Doch, doch, mein Lieber, Sie haben mir und der Literatur einen großen Dienst erwiesen. Und was ist schon München gegen Paris? Sie haben sich einen Orden verdient, Herr Graf!

PLATEN

Ich reiste neun Jahre kreuz und quer durch Italien. Doch alles was ich sah, war mir schon längst bekannt, ich hatte schon davon gelesen. Kaum eine Realität konnte meiner Vorstellung standhalten, meine inneren Bilder waren schöner, größer, besser. Immer wenn ich einen Ort erreichte, war dessen große Zeit schon lange vorbei. Alles was ich fand, waren bedeutungslose Orte in denen bedeutungslose Menschen hausten. In mir selbst musste ich Italiens vergangene Größe rekonstruieren und wiederbeleben – in Venedig die Zeit der mächtigen Dogen, in Verona die ausgelassenen Feste und den Glanz der Arena, in Rom die antiken Stätten, in Florenz die flanierenden Jünglinge der Renaissance, die heute nur noch in den Gemälden erahnbar sind.

Ich glaube, in Wirklichkeit wollte ich bei all meinen Reisen mich selbst finden und mir dabei gleichzeitig entkommen. Irgendwann ging es mir nicht mehr um die Erfüllung meiner Wünsche, ich wollte nur noch, dass sie erlöschen. Wollte, dass meine Wünsche mich endlich verlassen und freigeben.

HEINE

Fanden Sie nicht auf der Spanischen Treppe in Rom die Erfüllung jener Sehnsüchte, die man Ihnen in München verwehrte, Herr Graf? Ist das nicht der Ort in der Ewigen Stadt, wo man alles finden kann, was Herz und Körper begehrt? Sie haben doch Ihre lustvollen Bekanntschaften wieder und wieder in Gedichten festhalten wollen.

(Heine zitiert Platen parodierend:)

Warm und hell dämmert in Rom die Winternacht:
Knabe, komm! wandle mit mir, und Arm in Arm
Schmiege die bräunliche Wang an deines
Busenfreunds blondes Haupt!

Zwar du bist dürftigen Stands; doch dein Gespräch,
O wie sehr zieh ich es vor dem Stutzervolk!
Weiche, melodische Zauberformeln
Lispelt dein Römermund.[28]

PLATEN

Flüchtige Begegnungen und Sinnenrausch fand ich wohl, doch wurde es auf Dauer schal. Mein Sehnen zielte auf einen Gefährten. Ich war ein Achilles, der seinen Patroklos suchte, den Kameraden im Getümmel des Tages und in der Verheißung der Nacht.

HEINE

Egal wonach der Mensch sich sehnt, ob Mann, ob Weib, es ist nie leicht, das Traumbild im wirklichen Leben zu finden. Jenseits der Begierde und der Liebeslust lauert die Alltäglichkeit und die hat ihre Freundinnen dabei, die Gewöhnung, die Routine, die Banalität, die Pflichten und die Notwendigkeiten.

PLATEN

Ich finde es primitiv, dass Sie meinen Italienaufenthalt auf mein Sexualleben reduzieren, Heine!

HEINE

Das mache ich nicht! Meine Besuche bei gewissen Damen in gewissen Straßen gehören auch zu meinem Leben in Paris. Sie sind ganz schlicht ein Teil davon und ich sehe keinen Grund, sie zu verschweigen. Wenn man den Menschen hinter der Literatur erkennen kann, fällt es vielleicht leichter, den Dichter zu verstehen.

PLATEN

Das eine hat mit dem anderen nichts zu tun! Wenn die Worte die Feder verlassen haben, steht das Werk für sich. Es thront gewissermaßen über dem Leben, es schwebt in höheren Sphären.

HEINE

Ach, Platen! Sie wähnten sich im Olymp, dabei stahlen Sie doch nur aus den Rumpelkammern der alten Griechen und Römer das, was Ihnen für Ihre poetischen Zwecke taugte. Und wenn Sie im hellenischen Staub für Ihre lyrischen Ergüsse nicht mehr fündig wurden, plünderten Sie die Paläste des Orients und entführten persische Ghaselen und stellten diese wie Sklaven triumphierend zur Schau.

PLATEN

Ach, Heine! Sie gleichen einem Kinde, das eine griechische Statue betastet und sich lediglich über die Kälte des Marmors beklagt.

HEINE

Manchmal sieht man vor lauter Literatur nicht mehr, dass da ja ein Mensch dahintersteht. Hinter all den wohlgesetzten Worten und mit Bedacht gewählten Metaphern.
Ein Mensch, der sich sehnt und der trauert und der verletzlich ist wie man selbst. Es ist der Neid, der an uns nagt, die Konkurrenzangst. Die Furcht, der Verleger könnte den Kontrahenten höher schätzen als einen selbst. Oder ihm gar mehr bezahlen, was die größte Schande wäre.

PLATEN

Und war es nicht so? Hat man Ihnen nicht das Geld nachgetragen?

HEINE

Nein! Wenn ich in Geld geschwommen wäre, wie Sie vermuten, hätte ich doch nie an meinen Freund Moser geschrieben:
Wenn Du mir nicht gleich vierzig Taler schickst, so werde ich auf Deine Kosten hier verhungern! [29]
Welcher Verleger trägt schon einem Schriftsteller Geld nach? Sie können sicher sein, Herr Graf, dass man mich ebenso kurz hielt wie Sie. Es wäre doch gegen jede Ökonomie, wenn ein Auftraggeber freiwillig mehr bezahlen würde als nötig. Und dazu der Verstoß gegen die Tradition!

PLATEN

Welcher Verstoß? Welche Tradition?

HEINE

Der Verstoß gegen die Tradition, einem Dichter niemals ein angemessenes Salär für sein Werk zu bezahlen!

PLATEN

Das sagen Sie, der Sie doch gegen alles rebellierten. Sie, die Sie den Plebs auf den Sockel hoben. Sie, die den Alltag zum Gegenstand der Dichtung gemacht haben. Sie mit ihren Banalitäten des Seins. Sie, der entlaufene Tanzbären, Bankiers, Lotteriekollekteure und Hühneraugenschneider zu literarischen Helden machte!

HEINE

Ob es uns passt oder nicht, solche Helden werden in Zukunft den Ton angeben.

In der Tat, nur mit Grauen und Schrecken denke ich an die Zeit wo jene dunklen Ikonoklasten zur Herrschaft gelangen werden: mit ihren rohen Fäusten zerschlagen sie alsdann alle Marmorbilder meiner geliebten Kunstwelt, sie zertrümmern alle jene phantastischen Schnurrpfeifereien, die dem Poeten so lieb waren; sie hacken mir meine Lorbeerwälder um, und pflanzen darauf Kartoffeln; die Lilien, welche nicht spannen und arbeiteten, und doch so schön gekleidet waren wie König Salomon, werden ausgerauft aus dem Boden der Gesellschaft, wenn sie nicht etwa zur Spindel greifen wollen; den Rosen, den müßigen Nachtigallbräuten, geht es nicht besser; die Nachtigallen, die unnützen Sänger, werden fortgejagt, und ach! mein Buch der Lieder wird der Krautkrämer zu Tüten verwenden, um Kaffee oder Schnupftabak darin zu schütten für die alten Weiber der Zukunft.[30]

PLATEN

In so einer Welt möchte ich nicht leben!

HEINE

Sie tun es auch nicht, Herr Graf. Ebenso wenig wie ich. Perdu! Aber dennoch bereue ich es nicht, mein Lied auf die bessere Zukunft gesungen zu haben. Und wissen Sie, was ich besonders gut an der Zukunft finde?

PLATEN

Was? Sagen Sie schon!

HEINE

Dass sie keiner kennt. Dass es jedem frei steht, sie sich zu erträumen, wie er mag, wie er sie sich ganz persönlich wünscht.

Ein neues Lied, ein besseres Lied,
O Freunde, will ich euch dichten!
Wir wollen hier auf Erden schon
Das Himmelreich errichten.

Wir wollen auf Erden glücklich sein,
Und wollen nicht mehr darben;
Verschlemmen soll nicht der faule Bauch,
Was fleißige Hände erwarben.

Es wächst hienieden Brot genug
Für alle Menschenkinder,
Auch Rosen und Myrten, Schönheit und Lust,
Und Zuckererbsen nicht minder.

Ja, Zuckererbsen für jedermann,
Sobald die Schoten platzen!
Den Himmel überlassen wir
Den Engeln und den Spatzen.[31]

7. SZENE: DIE DICHTER UND DIE NACHWELT

(Heine in Matratzengruft, Platen beim Grabstein beschriften)

HEINE

An manchen Tagen bereue ich es, konvertiert zu sein.

PLATEN

Weil Sie mit dem Religionswechsel nichts erreicht haben?

HEINE

Nein, weil ich nicht das Kaddisch, das Totengebet am Grab meines Vaters sprechen durfte. Er wird mir nie verzeihen, dass ich ihm als Sohn nicht die Heiligung gab. Und ich selbst, ich kann's mir nicht verzeihen bis heute.

PLATEN

Mein Vater war mir immer fremd und die Mutter mir zu nah. Sie bedrängte mich Zeit meines Lebens. Sie hat mir wohl nie verziehen, dass ich der war, der ich war.

HEINE

Wollten Sie ein anderer sein, Herr Graf?

PLATEN

Ja doch, ein Glücklicher wollt ich sein. Ein Dichter, zu dem die Menschen aufblicken. Ein Weiser, zu dem sie pilgern seine Worte zu hören.

HEINE

Nun, die Amerikaner sagen, dass die Menschen ein Recht auf Glück haben, doch sie verraten nicht, vor welchem Gericht man es einklagen kann. Jeder soll es selber richten und manchem gelingt es und anderen eben nicht.

PLATEN

Ich mag kein Verlierer sein!

HEINE

O, das sind wir doch alle! Die gesamte Menschheit wird verlieren. So wie die Saurier verloren haben und die Elfen und die Riesen und die Tanzbären. In meinem Atta Troll spricht ein alter Fährmann, der alle Zeitalter gesehen hat:

So macht Einer – sprach der Alte
Platz dem Andern auf der Erde.
Nach dem Untergang der Menschen
Kommt die Herrschaft an die Zwerge,

An die winzig klugen Leutchen,
Die im Schoß der Berge Haufen,
In des Reichtums goldnen Schachten?
Emsig klaubend, emsig sammelnd.

Wie sie lauern aus den Löchern,
Mit den pfiffig kleinen Köpfchen,
Sah ich selber oft im Mondschein,
Und mir graute vor der Zukunft!

Vor der Geldmacht jener Knirpse![32]

PLATEN

Das sind doch nur Märchen, um Kinder zu erschrecken!

HEINE

Die einen lieben die Märchen von Herkules, der Medusa, Amazonen und geflügelten Pferden, die anderen bevorzugen Trolle, Riesen und Zwerge. Wo ist da schon der Unterschied? Sie alle wollen uns nur beispielhaft sagen, was wir ohne die Märchen nicht begreifen würden.

(Heine zieht sich das Bärenfell über)

Doch auch mein heldenhafter, wenn auch tollpatschiger Bären-Revoluzzer entging nicht dem Schicksal aller, die aufbegehren, die wider den Stachel löcken. Wer so gegen die Herrschenden agitiert, hat sein Urteil bereits unterschrieben. Besiegelt ist's und vertan die letzte Chance. Wer nicht totgeschwiegen werden kann, wird totgeschossen.

Also fiel der edle Held.
Also starb er. Doch unsterblich
Nach dem Tode auferstehn
Wird er in dem Lied des Dichters.

Auferstehn wird er im Liede,
Und sein Ruhm wird kolossal
Auf vierfüßigen Trochäen
Über diese Erde stelzen.

*Der *** setzt ihm*
In Walhalla einst ein Denkmal,
*Und darauf, im ****
Lapidarstil, auch die Inschrift:

»Atta Troll, Tendenzbär; sittlich
Religiös; als Gatte brünstig;
Durch Verführtsein von dem Zeitgeist,
Waldursprünglich Sansculotte;

Sehr schlecht tanzend, doch Gesinnung
Tragend in der zott'gen Hochbrust;
Manchmal auch gestunken habend;
Kein Talent, doch ein Charakter!«[33]

PLATEN

Und Sie selbst wurden, im Gegensatz zu Ihrem revolutionären Bären, in die Walhalla aufgenommen.

HEINE

Ja, und das bereits im Jahr 2006 – beeindruckend nicht wahr!

PLATEN

Besser spät als nie. Immerhin steht meine Büste in der Ruhmeshalle in München.

HEINE

Also eine mehr regionale Auszeichnung bayerischer Prägung …

PLATEN

Sie …!!! Mein Wirken steht über Raum und Zeit!

HEINE

Nur manchmal wird der Dichter in die Zeit hineingezogen, selbst wenn er selbst schon lange nicht mehr lebt. Da ziehen sich die Menschen und Parteien dann aus seinem Werk, was ihnen gerade taugt für die eigene Ideologie. Da wird der Dichter

zum Zeugen. Zum Zeugen für etwas, das er niemals sah, dem er niemals begegnet war. Doch er kann sich nicht mehr wehren. Kann
nicht schreien: „Nein, so habe ich das nie gemeint!"

PLATEN

Ich weiß, worauf Sie anspielen. Darauf, dass Benito Mussolini sich mit meinem Werk beschäftigt und es positiv bewertet hat. Und dass mich die Faschisten vereinnahmt haben, als sie meinen 100. Todestag 1935 in Syrakus mit Fahnenaufmarsch feierten. Der deutsche Festredner Hans von Hülsen sagte damals:
Platen war ein *„Mittler zwischen zwei großen Kulturen, als der Verkünder Italiens an den Herdfeuern seiner nordischen Heimat, als Deutschlands Botschafter am Hoflager der uralten Mittelmeerkultur."*[34]

HEINE

Herdfeuer sind gefährlich, in ihnen werden die Waffen für den nächsten Krieg geschmiedet und im Hoflager sammeln sich die Soldaten zur Schlacht.

PLATEN

Der Dichtung Lanzen fass ich miteinander
Und berge sie gesamt in meinem Busen …[35]

HEINE

Das hört sich nach einem Winkelried der Literatur an. Der Schweizer Heroe, der die Lanzen der angreifenden Ritter ergriff und sie in die eigene Brust lenkte. Ist der Herr Graf wirklich je so ein aktiver Kämpfer gewesen? Ich denke, Sie gleichen eher dem heiligen Sebastian. An einen Pfahl gefesselt und dekorativ öffentlich leidend, wenn ihn die Pfeile der Kritik treffen.

PLATEN

Was soll der Spott, Heine?

HEINE

Nie würde ich's wagen, einen Dichter durch den Vergleich mit einem Heiligen zu verspotten. Ich habe bei all Ihren Lamentos jedoch immer das Bild des heiligen Sebastian vor Augen, Sie erinnern mich an ihn. Überhaupt denke ich viel in Bildern – Bildern in Kirchen, Bildern in Galerien und Bildern in Büchern. Geschriebene Bilder wie die von Cervantes.

Doch wir beide sind nicht wie Don Quixote und Sancho Pansa, wir sind wie Don Quixote und Don Quixote. Unsere Pferde tragen den gleichen Namen, Herr Graf: Rosinante. Doch unsere Rüstungen taugen noch weniger als rostiges Eisen, um Angriffe abzuwehren, denn sie bestehen lediglich aus Illusionen.

Wir hoffen immer, weil wir Dichter sind, könnten die Worte uns schützen, weil wir ach so gewandt mit der Sprache umgehen. Doch Worte schützen nicht, sie verletzen. Nur manchmal, an einem glücklichen Tag und wenn die Worte gut gewählt sind, können sie auch trösten.

PLATEN

In meinen Bildern Neapels verspürte ich den Trost, den Trost des einfachen Lebens:

Willst zum Strande du folgen vielleicht und die Fischer sehn,
Wie mit nerviger Kraft an das Ufer sie ziehen das Netz
Singend, fröhlichen Muts, in beglückender Dürftigkeit?[36]

HEINE

Beglückende Dürftigkeit? Was soll das denn sein? Nur wer den Hunger und das Elend nicht kennt, kann Dürftigkeit als beglückend empfinden!

PLATEN

Es geht doch um die poetische Ebene. Dieses unverdorbene, natürliche Leben.

HEINE

Natürlich, unverdorben – die Strichjungen von Neapel würden schallend lachen ob dieser Naivität. Wer bedürftig ist, nutzt schnell einmal das einzige Messer, das er besitzt, um seine Bedürfnisse zu stillen. Obwohl ich nie im Hafen von Neapel war, würde ich meinen Geldbeutel dort sehr festhalten.

PLATEN

Ich sprach nicht von käuflicher Liebe, Heine!

HEINE

Natürlich nicht, denn davon spricht man nicht. Weder in Ihren, noch in meinen Kreisen. Doch wie oft haben wir beide gutes Geld für das bezahlt, was wir so sehr begehrten. Leider war es uns selten vergönnt, einen Hauch von dem zu erhaschen, was wir wirklich ersehnten. Alles Surrogat, alles Selbstbetrug! – meine Pariser Mädchen und Straßendirnen, Ihre italienischen Knaben und flüchti-

gen Liebhaber. Wie oft hat uns unsere Dichterfantasie vorgegaukelt, dass es Liebe sei, dieser Abend oder diese Stunde! Wie oft erwachten wir mit dem schalen Geschmack der Enttäuschung.
Wie schämten wir uns für den Verrat an uns selbst!
Und doch sangen wir weiter und weiter das hohe Lied der Liebe.

PLATEN

Ich sang das Lied der Schönheit.

HEINE

Sehr gut, da alle Schönheitsfreunde in Rom und ganz Italien wussten, dass Schönheit das Synonym für das heimliche Verlangen nach Männern war. Alle kannten die Bedeutung dieser Art von Schönheit. Welche Schönheit sonst konnte so tödlich sein wie dieses Begehren:

Wer die Schönheit angeschaut mit Augen,
Ist dem Tode schon anheim gegeben,
Wird für keinen Dienst auf Erden taugen,
Und doch wird er vor dem Tode beben,
Wer die Schönheit angeschaut mit Augen.[37]

PLATEN

Man muss nicht alles aussprechen, wenn man etwas sagen möchte.

HEINE

Mir scheint, Herr Graf, Sie waren
stark im Begehren, aber schwach im Lieben …

PLATEN

Keiner liebte die Liebe so wie ich.

HEINE

Vielleicht hätten Sie versuchen sollen, einen Menschen zu lieben, Platen?

PLATEN

Meine Heimat war das Rosa der Dämmerung und das Silber des Mondscheins, das Zwielicht, das mehr verbirgt als zeigt. Ich sah mich auf meine Art in der Werther-Nachfolge. In dieser Hinsicht war ich Goethes Zögling und sein wahrer Nachfolger.

Tage schon entflohn und Wochen
Unter stetem Herzenspochen,
Seit ich dich, geliebtes Wesen,
Nicht gesehen und nicht gesprochen:
Ist es Zufall oder hast du
Dein gegebenes Wort gebrochen
Deine flatterhafte Seele
Wird vom Schönen leicht bestochen.
Alle meine Wünsche lodern
Alle meine Triebe kochen!
Wenn zu Staub ich ganz verbrannt bin
O so sammle meine Knochen![38]

(Platen legt sich auf seinen Diwan und regt sich nicht mehr.)

HEINE

Waren Sie nicht schon zu Lebzeiten in Ihrer Gruft begraben? Ein ganzes Leben, darauf ausgerichtet, ewigen Nachruhm zu erlangen? War Ihr ganzes Dichten nicht nur der Versuch, Ihrer Grablege zu entgehen?

(Heine nimmt den (einen) Grabstein und platziert ihn vor Platen auf dem Diwan.)

Sie wussten doch schon viele Jahre vor Ihrem Tod, dass Sie gescheitert sind, Sie wollten es sich nur nicht eingestehen. Warum sonst haben Sie aus Ihrem berühmten Tristan-Gedicht den Vers des Scheiterns gestrichen? Zu schmerzhaft das Eingeständnis, zu groß die Enttäuschung. Erinnern Sie sich Ihres eigenen Verses?

(Heine zitiert den „gestrichenen Vers“ aus Platens Tristan-Gedicht:)

Was er wünscht, das ist ihm nie geworden,
Und die Stunden, die das Leben spinnen,
Sind nur Mörder, die gemach ihn morden:
Was er will, das wird er nie gewinnen,
Was er wünscht, das ist ihm nie geworden.[39]

Wie kann man einen toten Dichter töten?
Durch Vergessen.
Wann ist ein toter Dichter wirklich tot?
Wenn er nicht mehr gelesen wird.

ENDE

Heinrich Heine, Gemälde von Moritz Daniel Oppenheim, 1831

August Graf von Platen, Gemälde von Moritz Rungedas, ca. 1830

Zeittafel

1796

15. Juli: Französische Truppen erobern Frankfurt am Main.

24. Oktober: Karl August Georg Maximilian Graf von Platen-Hallermünde wird in Ansbach, Fürstentum Brandenburg-Ansbach und Bayreuth geboren. Der Vater Oberforstmeister August Philipp Graf von Platen, die Mutter Luise, geborene Freiin Eichler von Auritz, ist nach einer geschiedenen Ehe die zweite Frau des Vaters.

1797

12. Mai: Der letzte Doge von Venedig, Ludovico Manin, dankt ab.

16. November: Friedrich Wilhelm III. wird nach dem Tod seines Vaters König von Preußen.

13. Dezember: Heinrich Heine wird als Harry Heine in Düsseldorf, Herzogtum Berg, geboren. Der Vater Kaufmann Samson Heine, die Mutter Peira (Betty) van Geldern.

1799

10. Dezember: Frankreich entscheidet sich als erstes Land für das metrische System.

1802

25. Januar: Der bayerische Kurfürst Maximilian IV. Joseph verfügt in einer Kabinettsorder die Aufhebung aller nichtständischen Klöster, damit beginnt die Säkularisation in Bayern.

23. Juni: Der deutsche Naturforscher Alexander von Humboldt besteigt in Südamerika den Chimborazo.

1803

20. November: In Mainz ergeht der Urteilsspruch des Kriminalspezialgerichts gegen den Serienstraftäter Johannes Bückler, genannt Schinderhannes, und weitere 62 Angeklagte.

1804
17. März: Friedrich Schillers Schauspiel „Wilhelm Tell“ wird am Weimarer Hoftheater von Johann Wolfgang Goethe uraufgeführt.
11. August: Gründung des Erbkaisertums Österreich durch Kaiser Franz II., der jetzt Kaiser Franz I. von Österreich ist.
2. Dezember: Napoleon krönt sich in Notre Dame zum Kaiser der Franzosen.
1805
9. Mai: Friedrich Schiller stirbt in Weimar.
26. Juli: Ein Mittelitalien von Neapel bis Campobasso heimsuchendes Erdbeben fordert nach Schätzungen über 26.000 Tote.
20. November: Uraufführung der Oper „Fidelio“ von Ludwig van Beethoven in Wien.
2. Dezember: In der Dreikaiserschlacht bei Austerlitz siegt Napoleon über die Österreicher unter Kaiser Franz I. und die Russen unter Zar Alexander I.
1806
15. März: König Maximilian I. Joseph von Bayern tritt sein Herzogtum Berg an Napoleon ab, im Tausch erhält er dafür das Fürstentum Brandenburg-Ansbach.
1. Oktober: Platens Eintritt ins Kadetten-Corps in München.
19. Oktober: Johann Wolfgang von Goethe und Christiane Vulpius werden in der Sakristei der Weimarer Jakobskirche getraut.
27. Oktober: Napoleon zieht mit seinen Truppen in Berlin ein.
1810
20. Februar: Der Tiroler Freiheitskämpfer Andreas Hofer wird in Mantua von französischen Soldaten hingerichtet.
30. Juni: Frankreich übergibt das besetzte Fürstentum Bayreuth zum Preis von 15 Millionen Franc an das Königreich Bayern.
September: Platen tritt in die Königlich-Bayerische Pagenanstalt ein.
12. Oktober: In München heiraten Therese von Sachsen-

Hildburghausen und der bayerische Kronprinz Ludwig. Die Hochzeitsfeier auf der Theresienwiese endet mit einem Pferderennen, aus dessen späteren jährlichen Folgeveranstaltungen das Oktoberfest entsteht.

1811

Die Kruppwerke werden von Friedrich Krupp mit der Errichtung eines Stahlwerks in Essen gegründet.

1812

24. Juni: Napoleon greift Russland an.

1. November: Platen beginnt seinen Dienst am bayerischen Königshof.

16. Dezember: Die geschlagenen Reste der Grande Armée überqueren die Memel und erreichen Ostpreußen. Nur 5.000 von ehemals 500.000 Soldaten haben die Flucht vor den nachrückenden russischen Verbänden überlebt.

20. Dezember: Auslieferung der ersten Exemplare von „Grimms Märchen".

1813

Januar: Erscheinen des Romans „Stolz und Vorurteil" von Jane Austen

Oktober: Platen beginnt mit seinem Tagebuch.

1814

2. April: Der französische Senat erklärt Napoleon Bonaparte für abgesetzt und verbannt ihn nach Elba. Ludwig XVIII. wird König von Frankreich.

1815

26. Februar: Napoleon Bonaparte verlässt Elba. Die Herrschaft der „Hundert Tage" beginnt.

In einer Reservebrigade nimmt Platen am Feldzug gegen Frankreich teil.

18. Juni: Schlacht bei Waterloo. Napoleon wird endgültig geschlagen.

22. Juni: Napoleon dankt ab und wird auf die Insel St. Helena verbannt.

1816

Nach der Niederlage Napoleons werden die Ergebnisse des Wiener Kongresses umgesetzt. Dies hat die politische Neuordnung Europas zur Folge.

Heine geht als Lehrling, später selbständiger Kaufmann nach Hamburg, wo sein Onkel Salomon Heine lebt und verliebt sich in dessen Tochter Amalie.

Lord Byron verbringt den Sommer mit Mary Shelley, Percy Bysshe Shelley und John Polidori in der Villa Diodati am Genfersee. Unter dem Einfluss der düsteren Stimmung des Jahres ohne Sommer entstehen hier mehrere Horrorgeschichten, darunter Mary Shelleys „Frankenstein oder Der moderne Prometheus" und Polidoris „Der Vampyr".

1817

18./19. Oktober: Etwa 500 studentische Vertreter deutscher Universitäten treffen sich aus Protest gegen das ihrer Ansicht nach reaktionäre politische System zum Wartburgfest in Eisenach.

1818

Platen lässt sich vom militärischen Dienst beurlauben und beginnt mit einem Stipendium das Studium der Jurisprudenz in Würzburg.

12. Oktober: Das Nationaltheater München wird eröffnet.

24. Dezember: In der Kirche St. Nikolaus in Oberndorf bei Salzburg wird das Weihnachtslied „Stille Nacht, heilige Nacht" erstmals aufgeführt.

1819

23. März: Der Burschenschafter Karl Ludwig Sand tötet in Mannheim den Autor August von Kotzebue.

Platen verliebt sich in seinen Kommilitonen Schmidtlein, nach dem Bruch mit ihm wechselt er an die Universität Erlangen.

Entmündigung Samson Heines und Bankrott seines Geschäfts und das seines Sohnes Harry in Hamburg. Im Herbst beginnt Heine das Jurastudium in Bonn.

1820

Louis Braille erfindet die Brailleschrift für Sehbehinderte und Blinde.

Heine wechselt zum Wintersemerster an die Universität Göttingen.

1821

23. Februar: John Keats, einer der wichtigsten Dichter der englischen Romantik, stirbt 25jährig in Rom.

Platens „Ghaselen“ und die „Lyrischen Blätter“ erscheinen.

Heine wird wegen eines Duells von der Universität verwiesen und wechselt nach Berlin.

1822

Platens „Vermischte Schriften“ und Heines „Gedichte“ erscheinen.

1823

10. Februar: Erster Rosenmontagszug in Köln.

Platens Studienurlaub wird verlängert und die „Neuen Ghaselen“ erscheinen.

Ende von Heines Berliner Zeit, er reist nach Lüneburg, Hamburg und Cuxhaven.

1824

Platens erste Reise nach Venedig (8. September bis 9. November), seine „Schauspiele“ erscheinen.

Heine setzt sein Studium in Göttingen fort, im September Beginn der Harzreise, am 2. Oktober Besuch bei Goethe in Weimar.

1825

13. Oktober: Thronwechsel in Bayern. Auf Maximilian I. Joseph folgt sein Sohn Ludwig I..

Platen wegen Urlaubsüberschreitung im militärischen Arrest, die „Sonette aus Venedig“ erscheinen.

28. Juni: Taufe von Harry Heine auf den Namen Christian Johann Heinrich Heine in Heiligenstadt; 20. Juli: Promotion.

1826

7. April: In München legt König Ludwig I. den Grundstein für die Alte Pinakothek, die seine Gemäldesammlung aufnehmen wird.

Platens „Die verhängnisvolle Gabel" erscheint; Beurlaubung vom militärischen Dienst, am 3. September endgültiger Abschied von Deutschland und Abreise nach Italien.

Im Mai erscheinen die „Reisebilder I" von Heine.

Joseph Freiherr von Eichendorff publiziert seine Novelle „Aus dem Leben eines Taugenichts".

1827

7. April: In seiner Apotheke beginnt der Engländer John Walker, die von ihm erfundenen Streichhölzer zu verkaufen.

12. Mai: Nach mehr als zwei Jahrzehnten Abwesenheit kehrt Alexander von Humboldt nach Berlin zurück.

Veröffentlichung der Novelle Jud Süß von Wilhelm Hauff.

Heines „Reisebilder II" erscheinen im April, Reise nach England, im Oktober erscheint das „Buch der Lieder". Im November Ankunft in München, wo Heine als Redakteur der Cotta'schen „Neuen allgemeinen politischen Annalen" arbeitet.

1828

26. März: Der österreichische Komponist Franz Schubert gibt sein erstes und einziges öffentliches Konzert.

26. Mai: Kaspar Hauser wird in Nürnberg auf der Straße aufgegriffen.

1. Juli: Der Maschinist John Cree ist das erste Todesopfer der Eisenbahngeschichte, als die von ihm gelenkte Lokomotive Nr. 1 auf der Bahnverbindung zwischen Stockton und Darlington explodiert.

Platens „Gedichte“ erscheinen bei Cotta, er wird außerordentliches Mitglied der Bayerischen Akademie der Wissenschaften.

1829

23. Mai: Cyrill Demian erhält in Wien zusammen mit seinen Söhnen Karl und Guido ein Privilegium (Patent) für die Erfindung des Akkordeons.

„Der romantische Ödipus“ von Platen mit Angriffen auf Immermann und Heine erscheint. Im Dezember erscheinen Heines „Reisebilder III“ u.a. mit den „Bädern von Lucca“, in denen Heine die Kontroverse mit Platen aufgreift.

1830

27. Juli: In Paris beginnt die Julirevolution des Bürgertums gegen die reaktionäre Politik Karl X. Ihr folgen Aufstände und Flüchtlingsströme in ganz Europa.

4. Oktober: Nach einem von Brüssel ausgehenden Aufstand erklärt sich Belgien für unabhängig von den Niederlanden.

18. Oktober: Oberhalb der Donau nahe Regensburg wird der Grundstein für den Bau der Walhalla gelegt.

29. November: In Warschau beginnt der Aufstand der Polen gegen die russische Herrschaft.

1831

Heine siedelt nach Paris über, Bekanntschaft mit Balzac, Berlioz, Chopin, Dumas, Victor Hugo, Liszt, George Sand u.a.

27. Dezember: Die HMS Beagle sticht zu einer Vermessungsreise an die Küste Südamerikas in See, an Bord befindet sich der Naturforscher Charles Darwin.

1832

21. Mai: Ludwig I. von Bayern empfängt Platen in Neapel, dieser reist im Juli nach Deutschland.

27. Mai: circa 30.000 Menschen aus allen Bevölkerungsschichten marschieren zum Hambacher Schloss. Bis zum 30. Mai feiern

Demokraten und Nationale das Hambacher Fest für Einheit und Freiheit in Deutschland unter der schwarz-rot-goldenen Fahne. Als Reaktion darauf werden im gesamten „Deutschen Bund" Presse-, Vereins- und Versammlungsfreiheit stark eingeschränkt.

1833

Platens letzte Reise nach München bis April 1834, danach Aufenthalte in Venedig, Florenz und Neapel.

Samuel Morse baut den ersten brauchbaren elektromagnetischen Schreibtelegrafen.

7. Dezember: in Ansbach stirbt der rätselhafte Findling Kaspar Hauser von unbekannter Hand.

1834

Heines lernt Augustine Crescence Mirat, genannt „Mathilde" kennen, seine spätere Ehefrau.

1835

Verbot der literarischen Bewegung „Junges Deutschland" und deren Schriften durch den Frankfurter Bundestag.

Platens „Abassiden" erscheinen. Im September begibt er sich aus Angst vor der Cholera nach Sizilien. Am 11. November erreicht er Syrakus, am 23. erkrankt er an einer Kolik, die er für die Cholera hält. Die übermäßige Einnahme von Medikamenten führt am 5. Dezember zu seinem Tod. Im Garten des Marchese Landolina wird August Graf von Platen beigesetzt.

7. Dezember: Die Bayerische Ludwigsbahn nimmt als erste deutsche Eisenbahn den Verkehr zwischen Nürnberg und Fürth auf.

1836

1. Juli: Die Bauarbeiten für den Ludwig-Donau-Main-Kanal beginnen. Er soll als europäischer Schiffsweg Main und Donau verbinden.

Auf Initiative von Fürst von Metternich setzt die Indexkongregation des Vatikans drei Bücher Heines („Reisebilder", „Französische Zustände", „Der Salon") auf die Liste verbotener Bücher, zu denen 1845 noch die „Neuen Gedichte" und explizit „Deutschland. Ein Wintermärchen" kommt. Damit war es Katholiken bis 1966 verboten, diese Werke von Heinrich Heine zu drucken, zu verbreiten, zu besitzen oder zu lesen.

1837

7. April: Die Märchen „Die Prinzessin auf der Erbse", „Des Kaisers neue Kleider" und andere von Hans Christian Andersen erscheinen in der Reihe „Märchen, für Kinder erzählt" in Dänemark.

20. Juni: Königin Victoria besteigt als 18jährige den britischen Thron. Carl Spitzweg vollendet die Erstfassung seines Bildes „Der arme Poet".

Heinrich Heine veröffentlicht „Über den Denunzianten. Eine Vorrede zum dritten Theile des Salons".

1838

Der Roman Oliver Twist von Charles Dickens wird veröffentlicht. Der erste Band von „Die schönsten Sagen des klassischen Altertums" von Gustav Schwab erscheint.

1839

Karl Leberecht Immermann schreibt den Roman „Münchhausen".

17. November: Uraufführung von „Oberto", der ersten Oper von Giuseppe Verdi am Teatro alla Scala in Mailand.

1840

6. Mai: Großbritannien. Die erste Briefmarke der Welt, die One Penny Black, wird herausgegeben.

7. Juni: In Preußen tritt nach dem Tode von König Friedrich Wilhelm III. sein Sohn Friedrich Wilhelm IV. die Regentschaft an.

28. Juni: Friedrich Wilhelm August Fröbel gründet in Bad Blankenburg den ersten Kindergarten in Deutschland.

1841

31. August: Heirat mit Mathilde (auf ihr Drängen nach katholischem Ritus!) vor dem Duell am 7. September mit Salomon Strauß, Ehemann von Börnes Freundin Jeanette Wohl. Heine erleidet einen Streifschuss.

1843

2. Januar: Die Oper „Der Fliegende Holländer" von Richard Wagner wird in Dresden mit mäßigem Erfolg uraufgeführt. Bereits nach vier Aufführungen wird sie wieder vom Spielplan der Semperoper genommen.

Heines Bekanntschaft mit Karl Marx in Paris.

1844

4. Juni: Der schlesische Weberaufstand beginnt.

Die letzten Teile des Romans „Die drei Musketiere" von Alexandre Dumas werden in der Zeitung Le Siècle veröffentlicht.

Heines „Deutschland. Ein Wintermärchen" erscheint beim Verlag Hoffmann und Campe.

23. Dezember: Tod von Onkel Salomon Heine, anschließend erbitterter Erbschaftsstreit.

1845

29. Januar: Edgar Allan Poes Gedicht „The Raven" (Der Rabe) erscheint erstmals in der New Yorker Zeitung „Evening Mirror".

8. September: Queen Victoria und ihr Prinzgemahl Albert besuchen die Wartburg.

Friedrich Engels verfasst „Die Lage der arbeitenden Klasse in England".

1847

April/Mai: In Deutschland kommt es zu Hungerunruhen.

29. November bis 8. Dezember: Gründung des „Bundes der Kommunisten" in London, an dessen Konstituierung Karl Marx

und Friedrich Engels maßgeblich beteiligt sind.
Der Roman „Sturmhöhe“ (Originaltitel: Wuthering Heights) der englischen Schriftstellerin Emily Brontë erscheint.
Heine veröffentlicht „Atta Troll. Ein Sommernachtstraum“.

1848

21. Februar: „Das Kommunistische Manifest“ von Karl Marx und Friedrich Engels erscheint in London.
Das Jahr ist europaweit bestimmt von bürgerlich-revolutionären Erhebungen gegen die herrschenden Mächte der Restauration und deren politische und soziale Strukturen. Angefacht von der französischen Februarrevolution, greift die revolutionäre Stimmung auf die Staaten des Deutschen Bundes, das Reich der Habsburger, Italien und sogar Brasilien über.
Heine wird in Paris Zeuge der Ereignisse, ab Mai/Juni ist er durch eine unheilbare Krankheit ans Bett gefesselt („Matratzengruft“). Bis zu seinem Tod arbeitet und publiziert Heine unermüdlich weiter.

1850

28. August: Uraufführung der Oper „Lohengrin“ von Richard Wagner in Weimar unter Leitung von Franz Liszt.

1851

Der Schriftsteller Herman Melville veröffentlicht den Roman „Moby-Dick“ und der erste Teil des Fortsetzungsromans „Onkel Toms Hütte“ von Harriet Beecher Stowe erscheint in einer Zeitschrift.
Heine veröffentlicht seine dritte und zu seinen Lebzeiten letzte Gedichtsammlung „Romanzero“.
Erste Weltausstellung (Great Exhibition) in London.

1852

Friedrich Hebbels Trauerspiel „Agnes Bernauer“ hat seine Uraufführung in München.
2. Dezember: Präsident Charles-Louis-Napoleon Bonaparte lässt

sich als Napoleon III. zum Kaiser der Franzosen krönen.

1853

Die „Blätter für literarische Unterhaltung" veröffentlichen Heinrich Heines Erzählwerk „Die Götter im Elend", dessen französische Fassung im gleichen Jahr in der „Revue des Deux Mondes" erscheint.

1854

13. Juli: Arbeiter- und Arbeiterbildungsvereine werden auf Beschluss des Bundestages im Deutschen Bund verschärfter Verfolgung ausgesetzt.

21. Oktober: Mit 38 Krankenschwestern bricht Florence Nightingale zur Betreuung der Verwundeten in Richtung Krim auf.

8. Dezember: Papst Pius IX. verkündet mit seinem Schreiben „Ineffabilis Deus" das Dogma der „Unbefleckten Empfängnis".

1855

Der Roman „Soll und Haben" von Gustav Freytag erscheint. Er gehört zu den meistgelesenen Romanen des 19. Jahrhunderts und ist ein Vertreter des bürgerlichen Realismus.

16. November: David Livingstone erreicht als erster Europäer die Victoriafälle.

1856

17. Februar: Heine stirbt nach achtjähriger Bettlägrigkeit und wird auf dem Pariser Friedhof Montmartre bestattet.

Quellen

Heinrich Heine

Zehnbändige Heine-Ausgabe, Aufbau-Verlag, Berlin, 1961
„Heinrich Heine Werke“ in 4 Bänden, Hrsg. Eberhard Galley, Insel Verlag, Frankfurt 1968
„Atta Troll – Ein Sommernachtstraum / Deutschland – Ein Wintermärchen“, Heinrich Heine, Wilhelm Goldmann Verlag, München 1979
„Heines Atta Troll“, Stefan Heym, Fischer Taschenbuch Verlag, Frankfurt 1986
„Heinrich Heine Narr des Glücks“, Kerstin Decker, List Verlag, Berlin 2005
„Heinrich Heine – Leben Werk Wirkung“, Joseph A. Kruse, Suhrkamp Verlag, Frankfurt 2005
„Der Fall Heine“, Marcel Reich-Ranicki, dtv, München 2000
„Das Heine Liederbuch“, Noten – Texte –Kommentare, Babette Dorn & Jan-Christoph Hauschild, Hoffmann und Campe, Hamburg 2005
„Hans von Koessler ein Komponist wieder entdeckt“, Gunda Schricker, Privatdruck, Ansbach 2012
„Index. Der Vatikan und die verbotenen Bücher“, Hubert Wolf, Seite 97 ff.: „Heinrich Heine: Gegen die Religion der Freiheit?“, Verlag C. H. Beck, München 2006
„Leben Sie wohl und hole Sie der Teufel. Heinrich Heine Biographie in Briefen“, Hrsg. Jan-Christoph Hauschild, Aufbau-Verlag, Berlin 2005

August Graf von Platen

„Platens Werke", 2 Bände, Eduard Lolls Nachfolger, Elberfeld 1900
„August Graf von Platen", Eine Biographie, Peter Bumm, Verlag Ferdinand Schöningh, Paderborn 1990
„August Graf von Platen im Horizont seiner Wirkungsgeschichte: Ein deutsch-italienisches Kolloquium" (Reihe Der Villa Vigoni), De Gruyter (31. Dezember 2011)
Gunnar Och, Universität Erlangen-Nürnberg & Klaus Kempf, Staatsbibliothek München
„August Graf von Platen: Leben – Werk – Wirkung", Hartmut Bobzin u. Gunnar Och (Hrsg.) Schöningh 1997
„Ein Kranz auf das Grab des Dichters August Graf von Platen", Alice Salzbrunn, Hannover 1866
„Wer wusste je das Leben?", August von Platen – Ausgewählte Gedichte, Hrsg. Rüdiger Görner, Insel Verlag Frankfurt und Leipzig 1996
„August Graf von Platen – Memorandum meines Lebens", Eine Auswahl aus den Tagebüchern, Hrsg. Gert Mattenklott u. Hansgeorg Schmidt-Bergmann, Insel Verlag Frankfurt 1996
"I can't get no satisfaction – Zur Geschichte der Empfindungen des Grafen August von Platen-Hallermünde", Hubert Fichte, DIE ZEIT Archiv, Jahrgang: 1984, Ausgabe: 48
„Deiner Umarmungen süße Sehnsucht", Hubert Fichte, Konkursbuchverlag, Tübingen 1985
„Gesammelte Werke des Grafen August von Platen in einem Band", J.G Cotta'scher Verlag, Stuttgart und Tübingen 1839
„August Graf von Platen in Deutschland", Hans-Joachim Teuchert, Bouvier Verlag Herbert Grundmann, Bonn 1980
„August Graf von Platen – der Namenspatron des Platen-

Gymnasiums Ansbach", Hermann Dallhammer, eigenständiger Druck undatiert, Staatliche Bibliothek Ansbach, V f 692
„1221-1971 Ansbach – 750 Jahre Stadt", Ein Festbuch, darin „Heine kontra Platen" von Werner Bürger, Ansbach 1971

Heine und Platen

„Der Kampf der Außenseiter: Die satirische Heine-Platen Kontroverse als Spiegel antijüdischer Ressentiments im Vormärz", Jens Brüggemann, Grin Verlag, 2008
„Außenseiter", Hans Mayer, Suhrkamp Verlag, Frankfurt 1981
„Die Literatur - das sind wir und unsere Feinde. Literarische Polemik bei Heinrich Heine und Karl Kraus", Andreas Stuhlmann, Königshausen & Neumann, Würzburg 2010
„Literatur als Skandal: Fälle - Funktionen - Folgen", Hrsg. Stefan Neuhaus u. Johann Holzner, Vandenhoeck & Ruprecht, Göttingen 2007

Grabmal August Graf von Platen in Syrakus, Abbildung in der „Illustrierten Zeitung“ vom 26. März 1870.

Grab Heinrich Heine in Paris, Cimetière de Montmartre
Foto: Jessica Kempe

Gerd Scherm

1950 in Fürth geboren und aufgewachsen, lebt seit 1996 mit seiner Frau Friederike Gollwitzer in einem alten Fachwerkgehöft in Binzwangen bei Colmberg. Gerd Scherm ist Schriftsteller und bildender Künstler. Er arbeitete zehn Jahre als Kreativdirektor für Rosenthal und organisierte u.a. die Selber Literaturtage und die Künstlertage auf der Mathildenhöhe in Darmstadt. Sein reiches literarisches Spektrum umfasst Theaterstücke, Romane, Erzählungen, Kurzgeschichten, Satiren, Libretti und Essays. Einer seiner Schwerpunkte liegt in der Lyrik, die er meist in künstlerisch-bibliophiler Ausstattung präsentiert und die auch immer wieder zeitgenössische Komponisten zu Vertonungen anregt. Seine Dramen „Alexander der letzte Markgraf" und „Das Bildnis des Wilden Markgrafen" wurden vom Stadttheater Ansbach in den Spielzeiten 2009/10 bis 2012/13 aufgeführt.
Gerd Scherm war u.a. Gastdozent an der Freien Universität Berlin und an der Universität St. Gallen im Fachbereich Kultur- und Religionssoziologie.

Auszeichnungen:

2013 „Künstler des Monats" Juni der Metropolregion Nürnberg
2010 Förderung des Dramas „Alexander der letzte Markgraf" mit 20.000 € durch das Bayerische Staatsministerium für Wissenschaft, Forschung und Kunst
2007 Turmschreiber auf Burg Abenberg
2006 Friedrich-Baur-Preis für Literatur der Bayerischen Akademie der Schönen Künste
2004 BoD AutorenAward für „Der Nomadengott" auf der Leipziger Buchmesse
2001 Paulskirchen-Medaille
1998 Matthias-Claudius-Medaille, Berlin
1995 Stipendium des Auswärtigen Amtes, Schottland-Aufenthalt
1995 Wolfram-von-Eschenbach-Förderpreis
1977 Rosenthal Grenzland-Lyrik-Preis
1974 Stipendium des Auswärtigen Amtes, Aufenthalt in Italien
1972 Kulturförderpreis der Stadt Fürth

Einzelveröffentlichungen (Auswahl):

„Spiegeleien", Prosa, Maro Verlag, Gersthofen 1971
„Der Clan", Drama, edition pege, Fürth 1972
„Zeichen", Poesie, Vorwort Prof. Eugen Gomringer, Selb 1975
„Auf der anderen Seite der Nacht", Lyrik, Verlag Lothar Berthold, Fürth 1987
„WortRäume", Lyrik, Vorwort Dr. Uwe Rüth, Museum Glaskasten, Marl 1987
„Zwischen den Zeiten", Lyrik, Freipresse, Bludenz 1994
„Otmars Welt", Bilder Otmar Alt, Hamm 1998
„Der andere Ort", Lyrik, Freipresse, Bludenz 2000
„Die Kreise der Hexe Antra", Lyrik, Freipresse, Bludenz 2002
„Schamanenkind", Roman, Spirit Rainbow Verlag, Aachen 2004

„Das Brevier der allerletzten Wahrheiten", Satiren, Kontor für Kunst & Literatur, Colmberg 2005
„Der Nomadengott", Roman, Heyne Verlag, München 2006
„Die Irrfahrer", Roman, Heyne Verlag, München 2007
„Die Weltenbaumler", Roman, Heyne Verlag, München 2008
„Inmitten der Brombeerhecke", Lyrik, Shaker, Aachen 2008
„Der Turm der geschwätzigen Vögel", Prosa, Verlag Landkreis Roth 2010
„Alexander der letzte Markgraf", Schauspiel, Norderstedt 2010
„Die dunkle Mühle. Eine Gollwitzer-Saga", Roman, Hrsg. Vito von Eichborn, Edition BoD, Norderstedt 2012
„Das Bildnis des Wilden Markgrafen", Schauspiel, BoD, Norderstedt 2012
„Mantakors Reise", Erzählung, Illustrationen von Karel Fron, Shaker, Aachen 2012

Weitere Informationen unter: www.scherm.de

[1] Kerstin Decker „Heinrich Heine Narr des Glücks“, S. 12 ff., List Verlag, Berlin 2005; eigentlicher Liedtitel „Schondilie“ in Karl Simrock „Die deutschen Volkslieder“ S. 19, Frankfurt 1851

[2] Heine: Brief an Anselm von Rothschild vom 30. Dezember 1855, zehnbändige Heine-Ausgabe, Aufbau-Verlag, Berlin, 1961, Band 9, S. 688

[3] Alice Salzbrunn „Ein Kranz auf das Grab des Dichters August Graf von Platen“, S. 54, Hannover 1866

[4] Inschrift auf dem namenlosen Grabstein des englischen Poeten John Keats (* 31. Oktober 1795 in London; † 23. Februar 1821 in Rom) auf dem Protestantischen Friedhof in Rom.

[5] Platen: Nach der Ausgabe von 1834 / Sonette 59
Referenzausgabe: Kurt Wölfel / Jürgen Link: August von Platen. Werke, Bd. 1. Winkler-Verlag: 1982, S. 398.

[6] Nach der Ausgabe von 1834 / Ghaselen 49

[7] Heinrich, Heine: Historisch-kritische Gesamtausgabe der Werke, Hrsg. Manfred Windfuhr, Bd. I/2: Buch der Lieder. Text, bearbeitet von Pierre Grappin, Hamburg 1975, S. 206-208)

[8] Nach der Ausgabe von 1834 / Ghaselen 41

[9] „Atta Troll – Ein Sommernachtstraum / Deutschland – Ein Wintermärchen“, Heinrich Heine, Vorrede vom Dezember 1846, Wilhelm Goldmann Verlag, München 1979

[10] ebenda

[11] „Der Kampf der Außenseiter: Die satirische Heine-Platen Kontroverse als Spiegel antijüdischer Ressentiments im Vormärz“, Jens Brüggemann, S. 9, Grin Verlag, 2008

[12] „Atta Troll – Ein Sommernachtstraum / Deutschland – Ein Wintermärchen“, Heinrich Heine, „Atta Troll“ Caput VI, Wilhelm Goldmann Verlag, München 1979

[13] „August Graf von Platen“, Eine Biographie, Peter Bumm, S. 492, Verlag Ferdinand Schöningh, Paderborn 1990

[14] „Platens Werke“, 2 Bände, „Der romantische Ödipus“ Drama 5. Akt, Eduard Lolls Nachfolger, Elberfeld 1900

[15] Platen Brief an Puchta, Mailand 18.10.1828, aus „Der Briefwechsel 1804-1829“, hrsg. Paul Bornstein, 4 Bände, Band IV Nr. 307, München 1914/31, Nachdruck Hildesheim 1973

[16] „Platens Werke“, 2 Bände, „Der romantische Ödipus“ Drama 5. Akt, Eduard Lolls Nachfolger, Elberfeld 1900
[17] ebenda
[18] „Gesammelte Werke des Grafen August von Platen in einem Band“, Gaselen 17, S. 72, J.G Cotta’scher Verlag, Stuttgart und Tübingen 1839
[19] Johannes Brahms, Op 32 Nr. 4
[20] Heinrich Heine „Buch der Lieder“: Junge Leiden: Lieder VIII
[21] Robert Schumann, Aus „Liederkreis“ Op. 24 Nr. 8
[22] Franz Schubert, op. 59, Nr. 1
„Gesammelte Werke des Grafen August von Platen in einem Band“, Gaselen 8, S. 71, J.G Cotta’scher Verlag, Stuttgart und Tübingen 1839
[23] Franz Schubert, „Schwanengesang“ D957 Nr. 10
Heinrich Heine „Buch der Lieder“: Die Heimkehr VIII
[24] Platen: Nach der Ausgabe von 1834 / Sonette 55
[25] Platen: Nach der Ausgabe von 1834 / Sonette 62
[26] Heinrich, Heine: Historisch-kritische Gesamtausgabe der Werke, Hrsg. Manfred Windfuhr, Band 2, S. 129-130, Hamburg 1983
[27] „Heinrich Heine Werke“ in 4 Bänden, Band I Gedichte, S. 268, Insel Verlag, Frankfurt 1968
[28] Platen: Nach der Ausgabe von 1834 / Oden 4
[29] Kerstin Decker „Heinrich Heine Narr des Glücks“, S. 192, List Verlag, Berlin 2005
[30] „Heinrich Heine Werke“ in 4 Bänden, Band III Schriften über Frankreich, S. 315, Insel Verlag, Frankfurt 1968
[31] Heinrich, Heine: „Deutschland. Ein Wintermärchen“, Kaput I, Wilhelm Goldmann Verlag, München 1979
[32] Heinrich Heine: „Atta Troll – Ein Sommernachtstraum“, Kaput XII, Wilhelm Goldmann Verlag, München 1979
[33] Heinrich Heine: „Atta Troll – Ein Sommernachtstraum“, Kaput XXIV, 12. Strophe; Wilhelm Goldmann Verlag, München 1979
[34] „August Graf von Platen im Horizont seiner Wirkungsgeschichte: Ein deutsch-italienisches Kolloquium“ (Reihe Der Villa Vigoni), De Gruyter (31. Dezember 2011) Gunnar Och, Universität Erlangen-Nürnberg & Klaus Kempf, Staatsbibliothek München
[35] Platen: Nach der Ausgabe von 1834 / Ghaselen 12

[36] Platen: Nach der Ausgabe von 1834 / Bilder Neapels (1827)
[37] Nach der Ausgabe von 1834 / Romanzen und Jugendlieder 39 - Tristan
[38] „… das letzte Ghasel seines Lebens“, Verlag Ferdinand Schöningh, Paderborn 1990
[39] „August Graf von Platen – Memorandum meines Lebens“, Eine Auswahl aus den Tagebüchern, Hrsg. Gert Mattenklott u. Hansgeorg Schmidt-Bergmann, S. 9, Insel Verlag Frankfurt und Leipzig 1996